Aljoscha A. Schwarz / Ronald P. Schweppe

Die Macht des
Unbewussten
für sich nutzen

Das erprobte Mentaltraining nach Coué für Erfolg und Vitalität.
Mit dem Unterbewusstsein Krankheiten behandeln

W0074832

SÜDWEST

Inhalt

Mit etwas Übung können Sie Ihre Vorstellungskraft gezielt zur Förderung Ihrer körperlichen Vitalität und zu Ihrer Selbstentfaltung einsetzen.

Coué stellte bei seiner Arbeit fest, dass Autosuggestionen zuweilen stärken wirken als alle Medikamente.

Ob ein Glas halb voll oder halb leer ist, hängt von Ihrer Sichtweise ab – und mit den zu dieser Sichtweise gehörigen Formulierungen programmieren Sie Ihr Unterbewusstsein.

Mit Worten heilen

»Die Dinge sind für uns nicht das, was sie wirklich sind, sondern das, was sie uns scheinen – das erklärt, weshalb sich die Aussagen von Menschen widersprechen, die alle in gutem Glauben reden.«

Diese Aussage Emile Coués trifft wohl auf kein Gebiet so sehr zu, wie auf die Medizin und die Psychologie. Die Schulmedizin steckt in einer Sinnkrise: So viel sie auch geleistet hat – es wird deutlich, dass sie an ihren Grenzen angelangt ist. Alternative Heilweisen aus dem Fernen Osten, aber auch aus unserer eigenen Kultur, finden immer mehr Anhänger – und schon erheben sich neue Streitereien, welches denn nun die beste Methode sei. In der Psychologie zeigt sich ein ähnliches Bild.

Emile Coués wegweisende Methode

Immer deutlicher wird die Tatsache, dass der Mensch als geistiges Wesen von der Wissenschaft bisher vernachlässigt wurde. Und doch gab es immer wieder Ausnahmepersönlichkeiten, die Altes und Neues, Wissenschaftlichkeit und Menschlichkeit zu verbinden wussten. Sie entwickelten oft revolutionäre Ideen dazu, wie der Mensch sein ganzes Potenzial entfalten und seine Entwicklung befördern könnte. Einer dieser genialen Vordenker war Emile Coué.

Der Name Emile Coués ist heute nicht mehr vielen Menschen geläufig. Während Sigmund Freud und die Psychoanalyse nach wie vor an den Universitäten gelehrt werden, hört kaum ein Psychologie- oder Medizinstudent etwas über Emile Coué und die bewusste Autosuggestion – obwohl die Grundannahmen der Autosuggestion in der psychologisch-medizinischen Forschung immer wichtiger werden. Der Grund dafür, dass Coué von der Wissenschaft so wenig beachtet wurde, liegt wohl in der unglaublichen Einfachheit seiner Methode – wer nach komplizierten Theorien und Gedankengebäuden sucht, wird bei Coué nicht fündig. Kein Wunder: Das wirklich Große ist oft erstaunlich einfach.

Coué wusste, dass das zu seiner Zeit revolutionäre Verfahren der Selbstbeeinflussung im Grunde die methodische Verfeinerung einer uralten Praxis war: Autosuggestion wurde in vielen alten Kulturen betrieben, z. B. im Schamanismus, bei den Priestern des antiken Griechenlands oder im indischen Yoga.

Selbsthilfe durch Autosuggestion

Coués Ziel war es, den Menschen eine konkrete Hilfe zur Selbsthilfe an die Hand zu geben – und dafür sind schwer fassbare Theorien wenig geeignet. Coué erkannte allerdings das Problem, das viele wissenschaftlich gebildete Menschen mit seiner Methode haben, sehr deutlich, als er sagte, seine Methode sei »zu einfach, um auf Anhieb verstanden zu werden.« Doch wer bereit ist, sich dieser Einfachheit zu öffnen und seinen eigenen Gefühlen zu vertrauen, wird an sich selbst erfahren können, wie recht Coué mit seiner Aussage hatte: »Wir sind, wozu wir uns selber machen, und nicht, wozu unser Schicksal uns macht.«

Dieses Buch stellt Ihnen Coués Methode der bewussten Autosuggestion vor – insbesondere ihre praktische Anwendung in allen Lebenslagen. Ob es um die körperliche oder seelische Gesundheit, die Entwicklung der eigenen Persönlichkeit, die Erziehung und Selbsterziehung, um Erfolgsstrategien oder die Entfaltung des eigenen Potenzials geht: Die Methode der bewussten Autosuggestion bietet dabei konkrete, praktische Hilfe. Darüber hinaus werden Sie auch über Hintergründe, Geschichte und Weiterentwicklungen der Coué-Methode informiert.

Unserem naturwissenschaftlich geprägten Denken fällt es leichter, greifbare Tatsachen zu analysieren, als Vorstellungswelten aufzubauen. Wer sich von dem Vorurteil lösen kann, Autosuggestion sei nur fruchtlose Selbsttäuschung, lernt ein wertvolles Werkzeug gegen vielerlei Beschwerden kennen.

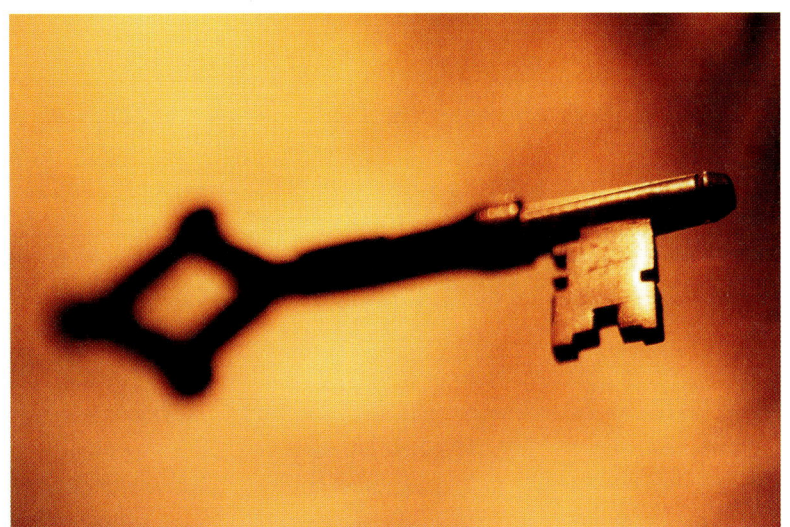

Der wichtigste Schlüssel für die Realisierung Ihrer Ziele sind Sie selbst. Mit Hilfe der Coué-Methode können Sie innere Kräfte freisetzen, die Sie zu Gesundheit und Erfolg führen.

Emile Coué – Vater der Autosuggestion

Eine Apotheke war die Geburtsstätte der Autosuggestion: Hier brachte Coué seinen Kunden bei, sich durch die Kraft der Gedanken selbst zu heilen.

Über Coués frühe Jahre weiß man leider nur sehr wenig; er selbst sprach kaum über seine eigene Person, seine Herkunft und seine Leistungen. Doch die Grunddaten sind natürlich bekannt: Emile Coué de la Châtaigneraie wurde am 26. Februar 1857 in Troyes, einer Kleinstadt im Nordosten Frankreichs, geboren. Sein Vater entstammte einer alten bretonischen Adelsfamilie – doch bei der Revolution 1830 ging der gesamte Familienbesitz verloren. Emile Coués Familie war also alles andere als wohlhabend; dennoch ermöglichten die Eltern ihrem Sohn den Besuch einer höheren Schule in Paris, dem Collège Sainte Barbe.

Erste Erfahrungen als Student

Emile Coué fühlte sich von der Welt der Forschung und der Wissenschaft angezogen und träumte davon, Chemie zu studieren. Doch es blieb bei dem Traum – sein Vater ermahnte ihn, die materiellen Bedingungen nicht außer Acht zu lassen, und riet ihm zu einem praktischeren und einträglicheren Beruf als dem eines Forschers. Emile hörte auf seinen Vater und fand schließlich einen guten Kompromiss: Er wandte sich der Pharmazie, der angewandten Chemie, zu und schrieb sich als Student an der Ecole Supérieure de Pharmacie ein.

Erwachendes Interesse an der Psychologie

Nach seinem Studium kehrte er in seine Heimatstadt Troyes zurück und eröffnete dort eine kleine Apotheke. Er war erst Anfang 20, und sein wissenschaftlicher Forschungsdrang war noch lange nicht gestillt. Besonders der menschliche Geist interessierte ihn sehr; natürlich hatte er von Mes-

Coué verfügte über die seltene Kombination eines wissenschaftlich geschulten Geistes mit einem regen Interesse an neuen, zunächst suspekt erscheinenden Heilverfahren, ergänzt durch die überaus starke Motivation, seinen Mitmenschen zu helfen.

mer und seinem »magnetischen Schlaf«, der Hypnose, gehört und war fasziniert von der gerade aufblühenden Wissenschaft der Psychologie. Im Jahr 1885 begann er, bei dem berühmten Dr. Liébeault in Nancy angewandte Psychologie zu studieren. Liébeault war ein Pionier der Suggestionsforschung und wandte diese Methode auch in seiner Klinik an. Coué hatte seine Berufung gefunden.

Sein Interesse an der Hypnose und Suggestion war groß, und er begann, private Forschungen zu betreiben – vor allem in der alltäglichen Praxis, also an den Kunden seiner Apotheke. Er beobachtete genau, konnte gut zuhören und gab Ratschläge, die den Kranken oft mehr halfen als die verordneten Medikamente.

Ein gewagtes Experiment weist den Weg

In seiner Apotheke hatte er schließlich eines Tages ein Schlüsselerlebnis, das ihn auf den Weg zu seiner großen Entdeckung brachte: Ein Mann betrat die Apotheke und verlangte ein verschreibungspflichtiges Medikament, konnte aber kein Rezept vorlegen. Alle Einwendungen Coués waren vergebens; der schwer kranke Mann bestand auf dem Medikament, das ihm Coué aber laut Gesetz nicht geben durfte. Was sollte er tun? Er ging zum Schein auf den Wunsch des Mannes ein, füllte in einem Nebenraum etwas destilliertes Wasser in einen Flakon und gab dem Mann diese »Arznei« – mit genauesten Vorschriften, wie die Medizin wirke und wie sie einzunehmen sei. Acht Tage später erschien der Patient wieder – vollkommen geheilt! – und bedankte sich bei Coué.

Entdeckung der Autosuggestion

Zunächst stand die Hypnose im Mittelpunkt von Coués Interesse, dann die Suggestion – also die Hypnose ohne »hypnotischen Schlaf« –; doch nun erkannte er immer mehr die Bedeutung der Autosuggestion, der Selbsthypnose. Auch der beste Hypnotiseur oder Suggestionstherapeut bewirkt im Grunde nichts weiter, als dass er bei einem Kranken positive Autosuggestionen hervorruft. Jeder Kranke, der durch Hypnose oder Sug-

Coué experimentierte mit Plazebos – nach objektiven Kriterien wirkungslose Medikamente, an deren Heilkraft der Patient aber subjektiv glaubt. Heute wird der lange unterschätzte Plazeboeffekt auch von der klassischen Schulmedizin intensiv erforscht.

gestion geheilt wird, heilt sich letztendlich selbst. Immer öfter kamen die Menschen nicht nur wegen Medizin in Maître Coués Apotheke, sondern vor allem auch, um mit ihm zu sprechen und sich Rat von ihm zu holen. Langsam machte in Troyes das Gerücht die Runde, dass Herr Coué wahre Wunder vollbringe. Man müsse nur mit Herrn Coué sprechen – er sage, dass man genesen würde, und dies geschehe dann auch.

Coué beteuerte seinem Publikum immer wieder, dass er von keiner besonderen Aura umgeben sei und dass von seiner Person kein heilkräftiger Einfluss ausgehe. Er forderte die Patienten auf, sich ihrer eigenen, brachliegenden Kräfte bewusst zu werden.

Aufsehen erregende Heilerfolge

Im Gegensatz zu vielen anderen, denen große Verehrung entgegengebracht wird, blieb Coué sehr bescheiden und betonte stets ausdrücklich, dass nicht ihm das Verdienst zukomme, wenn jemand geheilt werde. Er sei kein Heiler – er würde Ratsuchende lediglich dabei unterstützen, sich selbst zu heilen. Bei aller Bescheidenheit glaubte er jedoch fest daran, dass er sich auf dem richtigen Weg befand.

Es war nicht zu übersehen, dass die Menschen in immer größerer Zahl zu Coué kamen. Und sie wurden erstaunlich schnell gesund. Als es zu immer mehr spektakulären Heilungen kam, verbreitete sich sein Ruf natürlich rasant über die Grenzen der Stadt hinaus, und noch mehr Leidende suchten Coué auf. Schon bald waren es so viele, dass Coué sie kaum mehr in seiner Apotheke empfangen konnte, und er begann, auf eigenen Veranstaltungen Suggestionsbehandlungen vorzunehmen.

Die Entwicklung der Methode

Vor 1900 hatte Coué vor allem Menschen geholfen, deren Leiden hauptsächlich seelisch und psychosomatisch bedingt waren, da laut allgemeiner Übereinkunft diese Leiden der Hypnose und Suggestionstherapie besonders zugänglich waren.

Doch spätestens ab 1901 sah Coué es als erwiesen an, dass das Unterbewusstsein auch bei organischen Krankheiten eine wichtige Rolle spielt – und dass damit prinzipiell jede Krankheit durch Suggestion und Autosuggestion gelindert, wenn nicht sogar geheilt werden kann.

1902 fasste Coué den Entschluss, den Apothekerberuf endgültig an den Nagel zu hängen. Er war mittlerweile materiell gut versorgt und konnte es sich nunmehr leisten, sich ausschließlich der Entwicklung und Verbreitung seiner Methode zu widmen. Er zog nach Nancy, wo er bei A. Liébeault und H. Bernheim seine psychologischen Studien begonnen hatte, und gründete dort das erste Coué-Institut. Seine Zeit in Nancy war die Zeit seiner größten Heilerfolge. Um nur ein Beispiel unter vielen zu nennen, soll hier von der Heilung eines Gelähmten berichtet werden.

Sieg über chronische Lähmungserscheinungen

Im Dezember 1905 kam ein Mann zu Coué, dessen Beine nach einer Verletzung der unteren Lendenwirbelsäule seit zwei Jahren gelähmt waren. Nach einer Suggestionssitzung bei Coué und einer weiteren Woche bewusster Autosuggestion, zu der ihn Coué systematisch angeleitet hatte, konnte der Patient das linke Bein – wenn auch zunächst nur in sehr geringem Ausmaß – bewegen. Die Sitzungen wurden elf Monate lang fortgesetzt und schließlich berichtete Coué: »... am 1. November 1906 geht der Patient selbständig die Treppe hinunter und geht 800 Meter weit; im Juli 1907 kehrt er wieder in seine Fabrik zurück, wo er seitdem ohne eine Spur von Lähmungserscheinungen arbeitet.«
Eine solche Heilung – die wie gesagt nur ein Beispiel unter vielen ist – erscheint wie ein Wunder. Selbstverständlich, das wusste auch Coué, war offenbar der Nerv nicht durchtrennt – eine Heilung wäre dann unmöglich gewesen. Doch was nicht unmöglich war, gelang Coué mit seiner Methode, auch wenn es unmöglich schien.

Umfangreiche Rehabilitationsmaßnahmen mit aktiver Mithilfe der Patienten waren zu Beginn des 20. Jahrhunderts noch kaum ausgeprägt. So erschienen die durch Autosuggestion bewirkten Heilungen »aufgegebener« Patienten besonders spektakulär.

Die Leitsätze der Couéschen Theorie

Etwa ab 1910 hatte Coué seine Methode in Theorie und Praxis vollständig ausgearbeitet und seine zwei Grundsätze formuliert:
- Jede Suggestion ist im Grunde Autosuggestion.
- Die Vorstellung ist stärker als die Willenskraft.

Diese Zeit markiert den Beginn der »Neuen Schule von Nancy«, deren Begründer Emile Coué ist. Sein Ruf verbreitete sich weit über die Grenzen Frankreichs hinaus. Immer häufiger lud man Professor Coué zu Vorträgen ins Ausland ein. Nun begann die Zeit der großen Reisen, die ihn in der ganzen Welt bekannt machten, insbesondere in den USA und in Großbritannien. Er reiste in die USA, nach Italien, nach England, in die Schweiz und nach Holland.

Ein asiatischer Prinz war so beeindruckt von dem neuen Verfahren der bewussten Autosuggestion, dass er es sogar an den Schulen seines Landes lehren ließ – etwas, das sich Coué schon lange auch für die französischen Schulen wünschte.

Vortragsreisen verbreiten Coués Ruhm

Seine Methode fand schnell Anhänger in der ganzen Welt; wo immer er einen Vortrag hielt, gewann er neue Freunde. Schon bald waren weitaus mehr Menschen an der Coué-Methode interessiert, als er selbst unterrichten konnte. Deshalb schrieb er sein erstes, grundlegendes Buch – eigentlich eher eine kleine Broschüre – »La Maîtrise de Soi-Même par l'Autosuggestion Consciente« (»Die Herrschaft über sich selbst durch bewusste Autosuggestion«), das 1923 in Nancy erschien. Inzwischen hatte ein zweites Coué-Institut, das Institut Coué d'Education psychique, in Paris eröffnet (es besteht bis heute), und an mehreren Kliniken in Frankreich und im Ausland wurde Coués Methode angewandt.

Handfeste Beweise überzeugen Skeptiker

Am 27. April 1920 hielt Coué in der Klinik von Dr. Bérillon in Paris einen Vortrag, bei dem auch einige Kritiker seiner Methode – darunter viele Ärzte – anwesend waren. Doch die, die als Zweifler gekommen waren, gingen als überzeugte Anhänger Coués. Vor ihren Augen hatten Coués Suggestionen bewirkt, dass ein Mann, der seit 32 Jahren unter rheumatischen Beschwerden litt und sich kaum noch bewegen konnte, aufstand und vor den Augen der erstaunten Beobachter mühelos und schnellen Schritts umherging. In der Klinik Dr. Bérillons wurde daraufhin Coués Methode als Behandlung eingeführt – mit großem Erfolg, wie Dr. Bérillon in einem Brief an Coué schrieb.

Das Ringen um staatliche Anerkennung

Man schrieb das Jahr 1923. Emile Coué war nun schon 66 Jahre alt und strebte danach, sein Lebenswerk zu vollenden. Sein wichtigstes Ziel war nun, dass seine Forschungen und seine Arbeit auch von staatlicher Seite anerkannt wurden, damit seine Methode auch Eingang in Schulen und Universitäten fand. Viele hochgestellte oder berühmte Persönlichkeiten, auch aus Medizin und Forschung, machten sich zu seinem Fürsprecher: z. B. Henri Mengin, der Bürgermeister von Nancy, der Schriftsteller Alphonse de Châteaubriant oder Montagu S. Monier-Williams, Mitglied der Universität Oxford und der Königlichen Ärztekammer in London. Doch die staatliche Anerkennung blieb aus; vor allem unter den konservativen Ärzten gab es große Widerstände dagegen.

Selbstloser Einsatz bis zum Schluss

Im folgenden Jahr, dem Jahr 1924, trat Coué seine zweite USA-Reise an – nun bereits als große Berühmtheit. Der immerhin schon 67-Jährige besuchte u. a. New York, Boston, Chicago und St. Louis; zwei Monate lang hielt er jeden Tag mindestens einen Vortrag, erläuterte den Menschen ausführlich seine Methode und half unzähligen Menschen, sich selbst zu heilen. Coué kannte offenbar keine Müdigkeit und keine Erschöpfung. Noch mit 68 Jahren zeigte er, wie viel Energie in ihm steckte, als er im März und April 1925 eine einmonatige Vortragsreise in die Schweiz unternahm, bei der er in über 30 Städten 100 zweistündige Vorträge hielt. Im selben Jahr begab er sich auf seine zweite Hollandreise, und auch dort gab er sein Bestes und schonte sich nicht. Nebenher schrieb er auch noch sein zweites Buch »Ce que je dis. Extrait de mes Conférences« (»Was ich sage. Auszüge aus meinen Vorträgen«).

Nichts wies darauf hin, dass »le professeur« Coué nicht mehr viel Zeit blieb. Doch wenig später hatte seine letzte Stunde geschlagen. Einen Monat vor seinem 69. Geburtstag, an einem kalten 27. Januar, starb Emile Coué unerwartet in seinem Haus in Nancy. Seine Methode, die bewusste Autosuggestion, lebt jedoch weiter.

Während seiner zweimonatigen Vortragsreise durch die USA erweckte Coué mit seinen Vorträgen große Begeisterung. So berühmte Männer wie der Autokonstrukteur Henry Ford suchten ihn persönlich auf und baten ihn um Hilfe.

Von der Hypnose zur Autosuggestion

Die Hypnose macht besonders empfänglich für Suggestionen. Sie wird durch monotones Sprechen oder durch das Fixieren eines Gegenstands eingeleitet.

In dem Wort »Hypnose« schwingt für die meisten Menschen immer noch etwas Geheimnisvolles, Mystisches oder gar Okkultes mit, obwohl dieses Phänomen heute gut untersucht und auch von der Schulmedizin längst anerkannt ist. Doch der geheimnisvolle Beiklang des Worts »Hypnose« war am Anfang des 20. Jahrhunderts noch viel stärker – was Coué durchaus beklagte. »Immer schon hegten die Menschen eine Vorliebe für das Geheimnisvolle und das Übernatürliche«, meinte er. »Wenn sie etwas Ungewohntes sehen und es nicht begreifen, nehmen sie sogleich einen übernatürlichen Ursprung an – bis zu dem Tage, an dem jemand die dahinterstehende Gesetzmäßigkeit entdeckt.«

Eine uralte Heilmethode

Auch heute noch haftet der Hypnose ein zweifelhafter Ruf an, weil sie von unseriösen Unterhaltungskünstlern für publikumswirksame Effekte missbraucht wird. In der Psychotherapie ist sie inzwischen aber ein anerkanntes Heilverfahren.

Coué entdeckte viele der hinter dem Phänomen Hypnose stehenden Gesetzmäßigkeiten, doch er konnte es nicht verhindern, dass er von einigen Menschen als »Wunderheiler« betrachtet wurde – eine Ansicht, der er stets entschieden entgegentrat. Die Hypnose war allerdings noch verhältnismäßig unbekannt, und ihre Wirkungen schienen eben sehr geheimnisvoll. Der Begriff des Unterbewusstseins oder Unbewussten war noch nicht in aller Munde und sollte erst durch den Begründer der Psychoanalyse, Sigmund Freud, Bekanntheit erlangen.

Auch wenn es heute – wie schon zu Coués Zeiten – nur wenige wissen: Die Hypnose ist eine uralte Technik, die schon vor Tausenden von Jahren eingesetzt wurde, um Menschen zu heilen. Vielen alten Kulturvölkern waren die Hypnose und ihre Anwendungsmöglichkeiten bekannt, so etwa den Indern, den Ägyptern und den Griechen.

Trance als geistige Yogaübung

In Indien wurde – wie alte vedische Texte belegen – schon vor 3000 Jahren eine Stufeneinteilung der Hypnose (die natürlich noch nicht diesen Namen trug) vorgenommen, und in einigen geistigen Yogaübungen spielte auch schon die Selbsthypnose eine wichtige Rolle.

Unabhängig von den Indern hatten auch die Ägypter die Hypnose entdeckt. In dem berühmten Papyrus Ebers, der wie die indischen Schriften über 3000 Jahre alt ist, wird genau beschrieben, wie die heilkundigen Priester damals die Hypnose einleiteten: mit der so genannten Fixationsmethode (bei der die Augen auf einen glänzenden Gegenstand gerichtet werden), die auch heute noch weithin gebräuchlich ist.

Religiöser Ritus bei den Griechen

In Griechenland war die »wissenschaftliche« Methodik der Inder und Ägypter nicht mehr üblich. Die Hypnose hatte ihren Platz in religiösen Heilriten und war als heilender »Tempelschlaf« bekannt. Die Vorgehensweise der griechischen Priester war, wie berichtet wird, wohl sehr effektiv. Im Christentum hatten »magische« Methoden wie die Hypnose offiziell keinen Platz, sondern galten eher als Werkzeuge des Teufels. Doch natürlich können die zahlreichen Berichte über »Wunderheilungen« durch Handauflegen, Weihwasser oder Segensprechen durchaus als Beispiele für eine gelungene, angewandte Hypnose gelten.

Im 18. Jahrhundert ging der übermächtige Einfluss der Kirche zurück, die Wissenschaften erblühten, und es war die Zeit gekommen, sich dem alten Phänomen Hypnose auf neue Art und Weise zu nähern.

Der Mesmerismus

Der deutsche Arzt Franz Friedrich Anton Mesmer (1734–1815) gilt als einer der Pioniere der modernen Hypnose – obwohl seine Theorien heute ziemlich esoterisch klingen. Nach langjährigen Forschungen und Experimenten gab er 1772 bekannt, er hätte eine Kraft – den »animalischen

Trance- und Meditationsübungen nach asiatischem Vorbild wurden im Westen in den siebziger Jahren zum Modetrend. Leider sind manche der Anleiter weniger frei von Eitelkeit und Habgier als Coué und nutzen ihren Einfluss für egoistische Interessen.

Magnetismus« – entdeckt, die einen außerordentlichen Einfluss auf den menschlichen Körper und Geist ausüben könne. Er begann ein Heilverfahren zu entwickeln, das als Mesmerismus bekannt wurde. Dabei versetzte er seine Patienten mit so genannten magnetischen Strichen in einen tranceähnlichen Zustand.

Diese Methode veröffentlichte er 1775 mitsamt den von ihm beobachteten medizinischen Wirkungen. Der Mesmerismus wurde schnell zur Mode und verbreitete sich in den Salons ganz Europas. Zunächst erhielt Mesmer auch die Unterstützung seiner ärztlichen Kollegen.

Mesmers Entdeckungen spielten eine wichtige Rolle für die Entwicklung der klinischen Hypnose. Er zog allerdings die falschen Schlüsse aus seinen an sich richtigen Beobachtungen, was sein wegweisendes Theoriegebäude schnell zum Einsturz brachte.

Als Scharlatanerie abgetan

Doch zehn Jahre später wendete sich das Blatt, als die französische Regierung Mesmers Methode durch eine Untersuchungskommission aus Ärzten und Wissenschaftlern prüfen ließ – und diese zu dem Ergebnis kam, dass der Mesmerismus nichts als Humbug und Scharlatanerie sei. Mesmer verlor daraufhin sein Ansehen als Arzt, und die Begeisterung für den Mesmerismus nahm wieder ab, ohne allerdings ganz in Vergessenheit zu geraten. Doch vorerst herrschte in der wissenschaftlichen Welt die Meinung, dass die Hypnose keine ernst zu nehmende Methode sei.

Postume Rehabilitierung

Heute weiß man mehr, und Mesmer ist wieder rehabilitiert. Auch wenn seiner Methode sicherlich einige falsche Vorstellungen zugrunde lagen – seine Beobachtungen hatten nämlich nichts mit Magnetismus zu tun –, so gilt er heute doch als Wegbereiter der modernen Hypnose.

Mesmer glaubte (wie es ja selbst heute noch viele Menschen tun), dass die Hypnose durch eine vom Hypnotiseur ausgehende Kraft herbeigeführt würde. Doch seine Nachfolger fanden heraus, dass dies nicht der Fall ist. Der Portugiese Abbé Faria (1755–1819), der lange in Indien gelebt und dort die zahlreichen hypnotischen Praktiken studiert hatte, war der erste, der das wahre Wesen der Hypnose erkannte: Er bezeichnete die Hypnose in der Folge als Concentration.

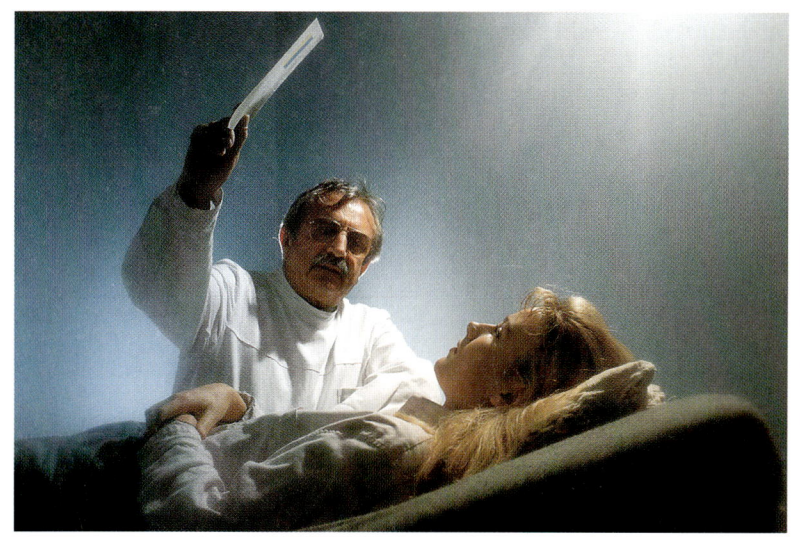

Die Hypnose wird vor allem zur Linderung chronischer Schmerzen verwendet. Aber auch in der Psychotherapie, bei der Geburtshilfe oder bei der Operationsvorbereitung haben sich verschiedene Hypnosetechniken bewährt.

Anerkennung durch die Wissenschaft

Bisher hieß die Hypnose aber immer noch nicht Hypnose – diesen Namen prägte erst der englische Augenarzt James Braid (1795–1860), der nach anfänglichen Zweifeln beschloss, das Phänomen Hypnose selbst intensiv zu erforschen. 1843 verfasste er ein umfangreiches, wissenschaftliches Werk mit dem Titel »Neurohypnology«. Allerdings erging es ihm mit seinen Forschungsergebnissen nicht anders als zuvor Mesmer: Seine Kollegen waren nicht bereit, die neuen Erkenntnisse zu akzeptieren und verspotteten Braids Hypnose als Hokuspokus.

Doch die Zeit war nun allmählich reif. Als der französische Arzt A. Liébeault James Braids Versuche nachprüfte und bestätigen konnte, stieß er zwar nicht gerade auf großes Interesse, aber auch nicht auf die Ablehnung, die seine Vorgänger erfahren hatten.

Gemeinsam mit Hypolyte Bernheim (1843–1919) schuf er die »Schule von Nancy«, deren berühmteste Schüler Sigmund Freud, C. Baudouin und Emile Coué waren. Zu Beginn des 20. Jahrhunderts war die Hypnose schließlich ein etablierter Gegenstand der medizinischen und psychologischen Wissenschaft geworden.

Bereits um die Jahrhundertwende wurden drei verschiedene Hypnosegrade unterschieden, die vom leicht benommenen Zustand über eine gewisse Schmerzunempfindlichkeit bis hin zum vorübergehenden Verlust der Erinnerung reichen.

Wie die Hypnose funktioniert

Heute versteht die Wissenschaft unter Hypnose etwas anderes als die frühen Pioniere. Niemand spricht heute mehr von einem magnetischen Schlaf. Die Hypnose, so viel weiß man heute, ist ein veränderter Bewusstseinszustand, der sich sowohl vom normalen Wachzustand als auch vom Schlaf deutlich unterscheidet. Dieser Unterschied ist messbar. Mit dem EEG (Elektroenzephalogramm), mit dem die elektrischen Hirnströme aufgezeichnet werden, lässt sich eindeutig zeigen, dass sich das Gehirn in unterschiedlichen Bewusstseinszuständen befinden kann: An den Kurven des EEG kann jeder Arzt ablesen, ob wir wachen, schlafen, träumen – oder uns in Hypnose befinden.

Die therapeutische Hypnose sollte stets von einem erfahrenen Arzt durchgeführt werden. Nur er kann entscheiden, bei welcher Krankheit und für welche Persönlichkeit dieses Verfahren hilfreich ist.

Der Weg in die Versenkung

Die Hypnose kann durch verschiedene Methoden herbeigeführt werden. Meist lenkt der Hypnotiseur die Aufmerksamkeit seines Patienten auf ein Objekt und gibt mit wiederholten, monotonen Formulierungen bestimmte Anweisungen, z. B. die Muskulatur zu entspannen, die Augen auf einen Punkt zu fixieren oder die Arme schwer werden zu lassen. Allmählich findet dann ein Übergang vom entspannten Wachzustand in den hypnotischen Bewusstseinszustand statt. Charakteristisch für die Hypnose ist, dass die Aufmerksamkeit des Hypnotisierten der äußeren Umwelt stark entzogen wird – daher wurde früher auch so häufig von hypnotischem Schlaf gesprochen. Der hypnotisierte Patient schläft aber keineswegs; seine Wahrnehmungen richten sich in der Hypnose auf innere geistige, emotionale und körperliche Wahrnehmungen.

Die Entdeckung des Unterbewusstseins

Wenn über Hypnose, Suggestion oder Autosuggestion gesprochen wird, so setzt man eine Instanz voraus, die längst nicht so selbstverständlich ist, wie sie uns heute scheint: Die Rede ist vom Unterbewusstsein oder Unbewussten. Noch vor etwa 100 Jahren gingen die meisten Menschen – und auch die meisten Wissenschaftler – davon aus, dass unsere Persönlichkeit unser Bewusstsein sei. Die Vorstellung von einem »Unter-Bewusstsein«, also einer Art zweiten Persönlichkeit in uns, erschien damals ziemlich gewagt. Heute fiele es uns dagegen schwer, einen Menschen zu finden, der behaupten würde, es gäbe kein Unterbewusstsein.

Freud als Pionier der Seelenforschung

Sigmund Freud war derjenige, der das Unbewusste ins Gespräch brachte und allgemein bekannt machte, welch große Rolle jene geistigen Vorgänge in unserem Leben spielen, die unter der Oberfläche des Bewusstseins ablaufen. Er entwickelte unter Einbeziehung seiner neuen Einsichten in die Triebdynamik eine ganze Theorie des Unbewussten und eine

Die Entwicklung der Psychologie als Wissenschaft hat unser Bild vom Menschen nachhaltig verändert. Das gilt sogar für diejenigen, die sich selbst als entschiedene Gegner der »Seelenerforschung« verstehen.

Von der Zwiespältigkeit der Seele

● Schon der Apostel Paulus schrieb: »Das Wollen liegt bei mir, das Vollbringen des Guten aber nicht. Denn nicht das Gute, das ich will, tue ich; sondern, was ich nicht will, das Böse, das vollbringe ich. … ich sehe ein Gesetz von anderer Art in meinen Gliedern, das dem Gesetz meiner Vernunft widerstreitet und mich gefangen nimmt … « (Röm. 7, 20–23). Nun, was anderes ist dieses »Gesetz von anderer Art« als das Unterbewusste? Bereits in der Aussage von Paulus wird übrigens ein Aspekt des Unterbewusstseins ganz deutlich: Es ist kein in erster Linie logisch denkendes Wesen wie unser Bewusstsein, sondern es widerstreitet sogar dem Gesetz der Vernunft.

● Auch einer unserer größten Dichter und Denker, Johann Wolfgang von Goethe, lässt seinen Dr. Faustus sagen: »Zwei Seelen wohnen, ach! in meiner Brust…« (Goethe, Faust I, Vor dem Tor). Diese Zwiespältigkeit der Seele würden wir heute als das Bewusste und das Unbewusste interpretieren, oder als das Logisch-Rationale und das Intuitiv-Emotionale. Obwohl die Existenz des Unbewussten im Allgemeinen nicht wahrgenommen wird, beherrscht es doch die Funktionen unseres Körpers und die Ausführung all unserer Handlungen.

Das Wissen um die unterschiedliche Funktion der Gehirnhälften kann man pädagogisch nutzen. So gibt es z. B. an englischen Schulen spezielle Unterrichtseinheiten, die die gleichmäßige Entwicklung der den Hemisphären zugeordneten Fähigkeiten fördern sollen.

darauf aufbauende Therapieform, die Psychoanalyse. Doch auch wenn Freud sicherlich das große Verdienst zukommt, die Aufmerksamkeit der Menschen auf das Unterbewusstsein gelenkt zu haben, so war er selbstverständlich keineswegs der Erste, dem seine Existenz bekannt war.

Die Rolle der Gehirnhemisphären

Eine wichtige Eigenschaft unseres Unterbewusstseins ist seine unglaubliche Aufnahmefähigkeit. Es nimmt wahr, was an unserem Bewusstsein völlig unbemerkt vorübergeht. Moderne neuropsychologische Theorien gehen davon aus, dass Bewusstsein und Unterbewusstsein sich zumindest teilweise in der Struktur unseres Gehirns widerspiegeln: Unser Gehirn besteht nämlich aus zwei Hälften, den Hemisphären, die nur durch ein dickes Bündel Nervenfasern miteinander verbunden sind. Rein anatomisch betrachtet, unterscheiden sich diese beiden Gehirnhälften kaum voneinander. Bei genauerer neuropsychologischer Untersuchung zeigte sich jedoch, dass sie ganz unterschiedliche Aufgaben haben.

Die linke Gehirnhälfte arbeitet logisch, analytisch und linear (also Schritt für Schritt) und ist für Sprache und Mathematik zuständig. Die rechte Hemisphäre dagegen arbeitet intuitiv, kreativ und parallel (sie bearbeitet also mehrere Aufgaben gleichzeitig) und ist für räumliche Vorstellung, Kreativität, Körpersprache und Emotionen zuständig. Man könnte also mit einiger Berechtigung sagen, dass das Bewusstsein in der linken Hemisphäre zu Hause ist und das Unterbewusstsein in der rechten.

Eigenschaften des Unterbewusstseins

Theorien und Fakten über das Unterbewusstsein sind sicherlich recht interessant – aber viel wichtiger ist, was dies für die Praxis, für unseren Alltag, bedeutet. Tatsächlich ist das Wissen um die Wirkungsweise, um den »Charakter« des Unterbewusstseins, sehr wichtig für die Praxis der Hypnose und der Autosuggestion. Vor allem die Tatsache, dass das Unterbewusstsein alles, was es aufnimmt, wortwörtlich versteht – man könnte hier von der Eulenspiegelmentalität des Unbewussten sprechen.

»Das Unterbewußte ist sehr pflichtbewußt; es führt verständig aus, was ihm befohlen wird – aber nur dies und nichts darüber hinaus«, erläuterte Emile Coué. Das ist natürlich für die Hypnosetherapie und noch viel mehr für die Autosuggestion von enormer Bedeutung.

Suggestion und Autosuggestion

Bislang wurde erklärt, was die Hypnose ist und was es mit dem Unterbewusstsein auf sich hat. Doch es geht ja hier nicht in erster Linie um die Hypnose, die ein Therapeut einsetzt, um auf das Unterbewusstsein eines Patienten besser zugreifen zu können. Manch einem mag die Vorstellung sogar unangenehm sein, jemand anderem – auch wenn er nur die besten Absichten hat – »ausgeliefert« zu sein. Die Hypnose wird hier vor allem deshalb angesprochen, weil sie dem Phänomen, dessen ungeheure Möglichkeiten Emile Coué entdeckte, eng verwandt, dabei jedoch weitaus bekannter ist: der Autosuggestion, der Beeinflussung (Suggestion) des eigenen (auto) Unterbewusstseins.

Die Gedanken positiv beeinflussen

Coué hatte sich mit der Hypnose befasst und war von Liébeault in Nancy mit der Suggestionstherapie bekannt gemacht worden. Die Schule von Nancy, die von A. Liébeault und H. Bernheim begründet worden war, vertrat die Ansicht, dass praktisch alles, was in der Hypnose möglich war, auch in einem anderen, nicht schlafähnlichen Zustand geschehen könne; und dass dieser Zustand keineswegs – wie Charcot, ein berühmter Psychiater dieser Zeit, behauptete – ein krankhafter, sondern vielmehr ein ganz alltäglicher sei. Suggestion bedeutet zunächst einmal nichts anderes als Beeinflussung, oder wie es Coué formulierte: »Ein Prozeß, bei dem ein Gedanke dem Gehirn eines anderen Menschen aufgeprägt wird.« Dieser Prozess findet sowohl in der klassischen Hypnose statt als auch bei der Suggestionstherapie, wie sie die Schule von Nancy und lange Zeit auch Emile Coué mit großem Erfolg einsetzten.

Emile Coué beschrieb das Unterbewusstsein wie folgt: »Das Unterbewußte ist ein intelligentes Wesen, das mit einem erstaunlichen Gedächtnis ausgestattet ist und alles aufnimmt, was wir sehen, alles was wir hören, alles was wir lesen, alles was wir fühlen.«

Die Macht liegt beim Patienten selbst

Doch Coué erkannte als Erster, dass es eigentlich gar keine Suggestion im Sinne der oben gegebenen Definition gibt. Es ist nicht der Therapeut, der Arzt, Psychologe oder Hypnotiseur, der dem Gehirn des Patienten die Suggestion aufprägt. Stets ist es der Patient selbst, der die Suggestion bewirkt. »Als eigenständiger Vorgang tritt die Suggestion niemals auf«, schrieb Coué, »sie muß sich unbedingt, um wirksam zu werden, in der Person, die beeinflußt werden soll, in Autosuggestion verwandeln.«

Der innere Wahrnehmungsfilter

Trotz aller äußeren Einflüsse, die über die Massenmedien auf uns einströmen, sind wir keine »ferngesteuerten« Wesen. Wenn wir Suggestionen erliegen, dann spielt dabei immer ein freiwilliges Entgegenkommen von uns selbst eine Rolle.

Autosuggestion bedeutet also mit Coués Worten: »Bewirken, daß ein Gedanke durch uns selbst und in uns selbst Wurzel faßt.« Und da ja auch Hypnose und Suggestion letztlich auf Autosuggestion beruhen, sind wir es, die die Phänomene der Hypnose in uns selbst hervorrufen.

Doch das ist nun nicht so zu verstehen, als gäbe es Suggestion gar nicht. Es gibt sie nur in dem Sinne nicht, dass ein anderer Mensch uns direkt etwas »eingibt«. Allerdings kann uns durchaus jemand (oder etwas) dazu bewegen, eine Autosuggestion auszuüben. Eine ganze Industrie lebt davon, dass es die Suggestion in diesem Sinne gibt: die Werbeindustrie. Und doch sind wir es letztlich selbst, die die Suggestionen in uns wirksam werden lassen, indem wir sie in Autosuggestionen umsetzen.

Autosuggestion – ein alltäglicher Vorgang

»Ohne Zweifel werden Sie überrascht sein, wenn ich Ihnen nun sage, daß Sie seit Ihrer Geburt die Autosuggestion ausüben und dies auch bis zu Ihrem letzten Seufzer tun werden«, meinte Coué – und in der Tat: Autosuggestionen sind ein ganz normaler Bestandteil unseres Lebens. Tagtäglich suggerieren wir uns selbst die unterschiedlichsten Dinge. Allerdings – und das ist der Knackpunkt und die zweite wichtige Entdeckung Coués – geschieht dies in der Regel völlig unbewusst.

Verschiedene Formen der Autosuggestion

Von der Frage, ob wir uns unsere Autosuggestionen bewusst oder unbewusst geben, hängt sehr viel ab – es ist kaum ein größerer Unterschied vorstellbar. Während die bewusst eingesetzte und richtig durchgeführte Autosuggestion ein mächtiges geistiges Werkzeug ist, das Sie zum Vorteil Ihrer Gesundheit, Ihres Wohlbefindens und Ihrer seelischen Entwicklung anwenden können, sind die Auswirkungen unbewusster Autosuggestion nicht vorhersehbar, in vielen Fällen sogar schädlich.

Selbstbeeinflussung kann auch schaden

Emile Coué meinte dazu: »Sie müssen wissen, daß die Autosuggestion ein gefährliches, ja sogar ein außerordentlich gefährliches Werkzeug ist. Sie ist die beste und zugleich die schlechteste Sache der Welt, je nachdem, ob sie richtig oder falsch angewandt wird.« Die Gefährlichkeit der (unbewussten) Autosuggestion ist nicht zu unterschätzen, auch wenn die Gefahren nicht offensichtlich sind – eben deshalb, weil sie unterbewusst wirkt. Tatsächlich sind aber viele Krankheiten, die meisten seelischen Probleme – so genannte Charakterfehler, mangelndes Selbstwertgefühl usw. – Resultate schädlicher unbewusster Autosuggestionen.

Das Steuer in der Hand behalten

Nun sollte man natürlich nicht in Panik verfallen, denn unbewusste Autosuggestion ist, wie gesagt, ein völlig natürliches und damit auch unvermeidliches Phänomen. Doch wir können unendlich viel für uns gewinnen, wenn wir die große Kraft, die der Autosuggestion zu eigen ist, in positive Bahnen lenken. Emile Coué hat uns gelehrt, wie dies zu bewerkstelligen ist: durch bewusste Autosuggestion. Diese »Selbsthypnose« ist das Hauptthema dieses Buchs. Sie erfahren, wie Sie die Autosuggestion richtig einsetzen, wie Sie Krankheiten und seelische Leiden besiegen und in vielerlei Hinsicht, direkt und indirekt, von Emile Coués Methode profitieren können.

Fast jedes Schulkind weiß, wie negative Autosuggestionen wirken: Angst und Selbstzweifel vor einer Prüfung führen z. B. zum »Blackout« oder zu einem so realistischen Krankheitsgefühl, dass man sich dem gefürchteten Ereignis gar nicht erst stellt.

Autosuggestion richtig anwenden

Bevor nach so viel Theorie endlich die praktische Anwendung zur Sprache kommt, soll noch auf ein paar Fragen eingegangen werden, die im Zusammenhang mit Hypnose und Autosuggestion oft auftauchen. Auch hier gilt, dass Wissen schützt. Wie Coué sagte: »Was macht aber letztendlich das Gefährliche einer Sache aus? Unsere Unkenntnis der Gefahr. Sobald wir um sie wissen, verliert sich die Gefahr, da wir sie vermeiden.« Die Autosuggestion ist ein großartiges Werkzeug, das nur dann gefährlich ist, wenn es unbewusst und falsch gebraucht wird. Emile Coué sagte auf seinen Vorträgen stets: »Meine Aufgabe besteht nun darin, Ihnen zu zeigen, wie Sie von diesem gefährlichen Werkzeug den bewußten und richtigen Gebrauch machen, denn bislang haben Sie es nur unbewußt und daher äußerst selten richtig, sondern meistens falsch verwendet.« Den rechten, bewussten Gebrauch zu lehren – das ist die Absicht dieses Buchs.

Selbst Skeptiker können von der Autosuggestion profitieren. Positive Ergebnisse stellen sich auch dann ein, wenn man Zweifel am Funktionieren der Methode hat – sofern man sich bei ihrer Ausübung an bestimmte Regeln hält.

Unterschiedliche Empfänglichkeit für Hypnose

Besonders häufig gestellt wird die Frage nach der Realität von hypnotischen Phänomenen. Sind Hypnose oder Autosuggestion Tatsache oder Glaubenssache? Die Antwort ist ganz klar: Autosuggestion wirkt bei jedem Menschen, unabhängig davon, ob er an die Wirksamkeit glaubt oder nicht. Insofern die Hypnose lediglich ein Auslöser für Autosuggestionen ist, funktioniert natürlich auch sie prinzipiell bei jedem.

Allerdings sind Menschen in sehr unterschiedlichem Grad hypnotisierbar – gerade wenn den einleitenden Suggestionen eines Hypnotiseurs anderslautende Autosuggestionen entgegengesetzt werden, wird keine Hypnose herbeigeführt werden können. Wenn beispielsweise der Hypnotiseur Müdigkeit und Entspannung suggeriert, sein Klient dagegen beharrlich die Autosuggestion aufrecht erhält: »Ich bin hellwach – man kann mich nicht hypnotisieren«, so wird in der Tat keine Hypnose möglich sein. Prinzipiell kann aber jeder Mensch in den hypnotischen Zustand gelangen, der durch einen ganz besonderen Erregungszustand der Nervenzellen des Gehirns gekennzeichnet ist.

Vertrauen ist gut – aber nicht notwendig

Bei der Hypnose kommt es durchaus auch auf Vertrauen an, damit aus den Suggestionen Autosuggestionen werden. »Sowohl die Person, die suggeriert, wie auch die Person, der etwas suggeriert wird, benötigt eine feste Überzeugung. Diese Überzeugung, dieser felsenfeste Glaube, läßt erfolgreich sein, selbst in Fällen, wo alle anderen Mittel scheitern.«

Für die Wirksamkeit der Autosuggestion stellt Coué allerdings klar und deutlich fest: »Ich möchte keinesfalls behaupten, daß Vertrauen und Glaube nicht dienlich sein könnten – gewiß nicht: Sie allein können durchaus die Heilung bewirken, doch sind sie ebenso wenig unentbehrlich wie die Aufmerksamkeit.« Eine Autosuggestion profitiert also vom Vertrauen in die Methode und vom Glauben an ihre Wirksamkeit; doch sind Vertrauen oder Glauben nicht notwendig, um eine Autosuggestion wirksam werden zu lassen. Tatsächlich kann eine Autosuggestion in nahezu mechanischer Weise herbeigeführt werden, wie Sie in den weiteren Kapiteln noch erfahren werden.

Gefahren und Risiken

Eine weitere, häufig gestellte Frage ist die der Gefährlichkeit von Hypnose und Autosuggestion. Diese Frage sollte nicht leichtfertig abgetan werden, denn tatsächlich wird ja durch die Autosuggestion (und auch durch die Hypnose) auf das Unterbewusstsein zugegriffen, das seine ganz eigenen Gesetze und Wirkmechanismen hat.

Gerade bei schweren psychosomatischen oder psychischen Problemen, aber auch bei scheinbar rein körperlichen Krankheiten, die fast immer auch eine psychische Komponente haben, stellt sich durchaus die Frage, ob es nicht gefährlich sein kann, die Beschwerden durch Autosuggestion oder Hypnose ohne Abklärung ihrer Ursachen abzustellen.

Diese Beschwerden können nämlich oft Signale des Unterbewusstseins sein, das uns auf ein grundlegendes Problem aufmerksam machen will. Beispielsweise sind Hautprobleme sehr oft eine Botschaft des Unterbewusstseins, das uns damit auf Schwierigkeiten mit den eigenen Gren-

Die bewusste Autosuggestion sollte auf keinen Fall dazu genutzt werden, Krankheitssymptome zu unterdrücken, ohne deren Ursache zu klären. Diese Einschränkung gilt allerdings auch für sämtliche anderen bekannten Heilverfahren.

zen und der Außenwelt hinweist. Wenn nun diese Botschaft einfach ignoriert wird (indem die Symptome mit Medikamenten oder eben auch mit Autosuggestion unterdrückt werden), wird das Unterbewusstsein andere, höchstwahrscheinlich dramatischere Zeichen setzen.

Bei richtiger Anwendung harmlos

So gesehen, bergen Autosuggestion und Hypnose eine Gefahr – allerdings nur dann, wenn sie falsch angewandt werden. Bei richtiger Anwendung (um die es ja in diesem Buch geht) werden diese Schwierigkeiten vermieden. Coué meinte dazu: »Aber selbst wenn wir eingestehen wollten, daß die Suggestion Gefahren birgt ... gibt es denn irgendeine Sache, die völlig ungefährlich ist?« Sicherlich nicht; jedes Küchenmesser kann als Waffe verwendet werden, jede Arznei als Gift. Und selbstverständlich auch die Autosuggestion: Es wurde ja schon darauf hingewiesen, dass die unbewussten, alltäglichen Autosuggestionen geradezu der Hauptquell unserer Leiden und Probleme sind. Der beste Schutz vor Gefahren ist immer noch das eigene Wissen.

Missbrauch ist nicht möglich

Eine dritte Frage betrifft den Missbrauch von Hypnose und Suggestion und damit indirekt auch den Missbrauch des Wissens von der Macht der Autosuggestion. Die erstaunlichen Vorgänge, die von Hypnosesitzungen oder gar von Hypnoseshows im Fernsehen bekannt sind, lassen bei manchen Menschen ein wenig Furcht aufkommen.
Wenn hypnotisierte Versuchspersonen in einer Fernsehsendung in aller Öffentlichkeit »die Hose herunterlassen«, liegt die Furcht nahe, dass mit etwas bösem Willen eines Hypnosespezialisten noch schlimmere Dinge geschehen könnten. Auf den Gipfel treiben es bestimmte Kriminalfilme, deren Bösewicht unschuldige Opfer hypnotisiert und zu Verbrechen verleitet. Könnte die Hypnose tatsächlich missbraucht werden? Die moderne Hypnoseforschung hat mit einigen Mythen aufräumen können, die die Hypnose zwar weniger spektakulär erscheinen lassen, aber dafür unbe-

Von der Vorstellung völliger Willenlosigkeit muss eine starke Faszination ausgehen – nur so ist zu erklären, dass sich das Publikum auch von leicht zu entlarvenden »Hypnosetricks« blenden lässt.

gründete Ängste beruhigen. Zunächst einmal ist zweifelsfrei erwiesen, dass niemand durch Suggestionen dazu gebracht werden kann, etwas zu tun, das er nicht auch ohne die Suggestion tun würde. Es ist also nicht möglich, Menschen durch die Hypnose zu Verbrechen zu verleiten oder etwa sexuell zu missbrauchen. Ebenso wenig besteht die Gefahr, aus einer Hypnose nicht mehr »aufzuwachen« – schon allein deshalb, weil man ja gar nicht schläft.

Die suggestive Wirkung von Werbung

Eine tatsächliche Gefahr liegt allerdings auf einem wesentlich weniger aufregenden, ganz alltäglichen Gebiet. Die Suggestionen, die uns tagtäglich in Form von Werbung erreichen, lösen Autosuggestionen aus, die mit der Zeit schädliche Wirkungen entfalten können: Unser Unterbewusstsein wird immer mehr Energie darauf verwenden, die scheinbar so begehrenswerten Dinge, die uns die Werbung suggeriert, zu erlangen – eine bedenkliche Vergeudung der ungeheuren Kraft unseres Unterbewusstseins, die dann nicht mehr unserer seelischen Entwicklung und der Entfaltung unseres persönlichen Potenzials zur Verfügung steht.

Es mag schwer sein, den Suggestionen der Werbung zu widerstehen – aber jeder hat es selbst in der Hand, ob er sich tagein, tagaus von endlosen Werbespots in Fernsehen und Radio berieseln lässt oder nicht.

Bei der Bühnenhypnose ist oft die charismatische und autoritäre Ausstrahlung des Showhypnotiseurs die eigentliche Suggestion – und nicht die Hypnose selbst.

25

Die Coué-Methode

Nur wer ein Ziel aus eigenem Antrieb anstrebt, hat die Chance, sein Leben langfristig positiv zu verändern.

Das Prinzip Selbstverantwortung

Die Methode Emile Coués, die bewusste Autosuggestion, ist geradezu verblüffend einfach. In der Tat sogar so einfach, dass viele Hilfesuchende, die sich an Coué wandten, trotz seiner vielfachen Beteuerungen kaum davon zu überzeugen waren, dass nicht Coué für die erstaunlichen Wirkungen verantwortlich war, sondern die Methode – also letztendlich sie selbst. Denn auch wenn Coué seine Sitzungen meist mit positiven Suggestionen begann, so löste er damit ja lediglich Autosuggestionen aus und brachte die Ratsuchenden auf diese Weise dazu, sich selbst zu helfen.

»Nicht mir sollen Sie Ihr Vertrauen schenken«, sagte er seinen Patienten immer wieder, »sondern sich selbst – denn allein Ihnen selbst wohnt die Kraft inne, die Sie heilen wird. Meine Aufgabe ist lediglich, Sie zu lehren, sich dieser Kraft zu bedienen.«

Unausrottbar – der passive Wunderglaube

Nicht umsonst trägt Coués Buch den deutschen Titel »Selbstbemeisterung durch bewußte Autosuggestion«: Coué wollte mit dieser Formulierung nachdrücklich darauf hinweisen, dass der Erfolg seiner mentalen Strategie ausschließlich in den Händen des Anwenders liegt.

Wie schwer es wohl war, diese Tatsache zu vermitteln, zeigen einige Briefe, in denen Coué geradezu übersinnliche Kräfte zugeschrieben und unmögliche Dinge gefordert werden. So bittet ihn eine Frau darum, ihren Ehemann, der sich immer mehr von ihr entfremdet, geduldiger zu machen; eine Mutter verlangt von Coué, dafür zu sorgen, dass ihr Sohn sich aus einer nicht standesgemäßen Beziehung löse; eine dritte fordert gar ohne Umschweife in einem Brief ohne Unterschrift und Absender: »Monsieur Coué, ich bin krank, heilen Sie mich!«

Das alles sind natürlich Forderungen, die Coué nicht erfüllen konnte. Nicht er heilte, nicht er konnte die Dinge zum Besseren wenden, er konnte keine Ferndiagnose stellen und Wunder vollbringen – alles was er wollte und wozu er sich berufen fühlte, war, seine Methode der bewussten Autosuggestion zu verbreiten. Deshalb reagierte der sonst so geduldige

Monsieur Coué auf derlei Bitten und Forderungen etwas gereizt. Eine gewisse Verzweiflung über die unsinnigen Forderungen einiger Menschen kann man durchaus heraushören, wenn er sagt: »Halten Sie mich also bitte nicht, wie es so oft geschieht, für einen Heiler, einen Wundertäter, der über okkulte Kräfte verfügt und alles vollbringen kann – sogar und vor allen Dingen das Unmögliche.«

Keine Angst vor der eigenen Courage

Das Problem liegt tatsächlich darin, dass viele Menschen sich nicht vorstellen können, wie einfach es wäre, ihr Leben zu verändern und ihre Krankheiten zu überwinden. Bei einigem Nachdenken wird auch verständlich, weshalb so viele Menschen Schwierigkeiten mit der Einfachheit der Methode haben. Wenn sie erst einmal erfahren, dass es wirklich äußerst einfach ist, Probleme zu bekämpfen, die eigene Persönlichkeit voll zur Entfaltung zu bringen und Wünsche Wirklichkeit werden zu lassen, dann müssen sie zugeben, dass es ausschließlich bei ihnen liegt, ihr Schicksal in die eigenen Hände zu nehmen. Und vielleicht überkommt sie dann eine gewisse Verzweiflung darüber, was sie in ihrem Leben alles hätten besser machen können.

Coué meinte: »Wenn ich Ihnen eine äußerst komplizierte Sache vorstellte, würden Sie mich zweifellos sehr viel besser verstehen, oder vielmehr würden Sie glauben, mich besser zu verstehen, doch diese Sache [die bewusste Autosuggestion] ist so einfach, daß sie gerade wegen ihrer Einfachheit schwer zu begreifen ist.«

Besser als bereuen – handeln

Es ist schließlich leichter, einem unabwendbaren, womöglich gar von Gott gesandten Schicksal die Schuld in die Schuhe zu schieben, als zuzugeben, dass man selbst der Lenker seines Schicksals ist. Es scheint eben schwer zu sein, die Verantwortung zu übernehmen.

Was es zu verstehen gilt, ist dies: Was geschehen ist, ist geschehen, und es ist sinnlos, Vergangenes zu beklagen. Auch sich an die Brust zu schlagen und sich selbst zu beschuldigen, ist unsinnig – denn wenn Sie das »Werkzeug« noch nicht in der Hand hatten, war es natürlich auch nicht Ihre Schuld, wenn Sie es nicht anwenden konnten. Anders liegt die Sache nur, wenn Sie mit der Autosuggestion vertraut geworden sind – und das werden Sie nach der Lektüre dieses Buchs sein – und dennoch nichts an Ihrem

Leben verändern. Erst wenn Sie diese Chance, Ihr Leben positiv zu gestalten, ungenutzt vorübergehen lassen, ist es an der Zeit, sich die Haare zu raufen und zu sagen: »Mea culpa, mea maxima culpa!« Doch so weit wird es wohl nicht kommen.

Das Leben aktiv meistern

Sie haben es in der Hand, die Regie für Ihr Leben selbst zu übernehmen, Ihre Probleme, Ihre Sorgen, Ihre Ängste, Ihre Krankheiten und Leiden zu überwinden und alles zum Besseren zu wenden. Und es ist so einfach: »Um Meisterschaft über sich selbst zu erlangen, genügt allein die Vorstellung, daß es so weit kommen werde.« sagte Coué – und fand zunächst einmal keinen Glauben. Die Vorstellung allein soll genügen, um Herr über sich selbst zu werden? Nur die Vorstellung?

Mit der Macht der Gedanken kann man sein Dasein verändern, und zwar nachhaltiger, als so mancher es sich träumen lässt. Wer seine Vorstellungskraft gezielt einsetzt, übernimmt die Verantwortung für die eigene Lebenswirklichkeit.

Der Wille ist oft machtlos

Nur? »Der Schlüssel zu meiner Methode liegt in der Erkenntnis der Überlegenheit der Vorstellungskraft gegenüber dem Willen.« Das war eine von Coués großen Entdeckungen: Die Vorstellungskraft ist weitaus stärker als die Willenskraft. Auf den ersten Blick scheint dies unseren Erfahrungen zu widersprechen. Oftmals gilt der Wille als die treibende Kraft hinter allen Tätigkeiten des Menschen, während die Vorstellungskraft verhältnismäßig nutzlos erscheint: Wir können uns dieses oder jenes vorstellen, aber das macht es ja noch nicht zur Wirklichkeit.

Doch stimmt das tatsächlich? Wer einmal versucht hat, sich das Rauchen abzugewöhnen oder abzunehmen, wird die Erfahrung gemacht haben, dass der Wille durchaus vorhanden war – doch etwas anderes war stärker. Und dieses andere ist eben die Vorstellung! Wer das Rauchen aufgeben möchte, wird sich in der Regel schon nach kurzer Zeit vorstellen, wie angenehm es wäre, eine Zigarette zu schmauchen; wer abnehmen will, wird von der Vorstellung köstlicher Speisen geplagt werden. Je stärker der Wille ist, desto stärker stellt sich die Vorstellung dagegen. Die Vorstellungskraft aber ist es, die Autosuggestionen auslöst: Das Unterbewusstsein »hört« nicht, was der Wille gebietet, sondern es richtet sich nach den Suggestionen, die ihm die Vorstellung eingibt: »Das Rauchen ist angenehm.« – »Die Schokoladentorte verschafft Lustgewinn.« Etwas Angenehmes und Lustvolles ist erstrebenswert, und so versucht das Unterbewusstsein, diese Wünsche zu erfüllen. Und es ist dabei zum Bedauern derer, die das Rauchen oder Naschen aufgeben wollen, sehr effektiv.

Es zeigt sich an diesem Beispiel deutlich, wie negativ sich (unbewusste) Autosuggestionen auswirken können. Obwohl der Wille stark ist, siegt doch die Vorstellung. Also muss an der Vorstellungskraft und nicht am Willen gearbeitet werden, wenn man Erfolg haben will.

Die Vorstellung in richtige Bahnen lenken

»Ich habe gesagt, daß die Vorstellungskraft gebändigt und gelenkt werden kann...,« schrieb Coué. »Dazu muß man nur wissen, daß es möglich ist (und das weiß kaum jemand), und dann muß man das Mittel kennen. Und dieses Mittel ist ein ganz einfaches – die Autosuggestion.« Auch wenn Sie bis jetzt noch nicht recht glauben wollen, dass es möglich ist, die Vorstellungskraft in Ihrem Sinne zu lenken und zu bändigen: Sobald Sie dieses Buch gelesen haben, werden Sie es wissen. Und Sie werden vor allem auch das Mittel kennen, mit dem Sie Ihre Vorstellungskraft in den Griff bekommen können.

Innere Mechanismen durchschauen

Auf den ersten Blick erscheint es seltsam, dass eine Veränderung eintreten kann, ohne dass man die Willenskraft bemüht, und dass allein die Vorstellung genügen soll, alles, was man in seinem Leben gern verbessern würde, tatsächlich zum Besseren zu wenden.

Doch wenn Sie erst einmal die Art und Weise, in der Wille, Vorstellungskraft und Unterbewusstsein funktionieren, verstanden haben, wird es Ihnen ganz natürlich erscheinen, Ihre Vorstellungskraft zur Lösung Ihrer Probleme und zur Erfüllung Ihrer Wünsche einzusetzen.

Ziele, die man mit purer Willenskraft zu erreichen versucht, führen meist zu einem zähen, unlustig geführten Kampf mit sich selbst. Offenbar weckt der Einsatz des Willens bei vielen Menschen hartnäckige innere Widerstände.

Die bewusste Autosuggestion

Um zu verstehen, wie die Autosuggestion wirkt, ist es nötig, sich zunächst einmal mit den Eigenschaften des Bewusstseins und des Unterbewusstseins und ihrem Verhältnis zueinander zu befassen.

Der erste Punkt, der Coué auffiel, war der Unterschied in der Gedächtnisleistung von Bewusstsein und Unterbewusstsein: »Vergleichen wir nun das Bewußte mit dem Unbewußten, so stellen wir fest, daß das Bewußte nicht selten ein schlechtes und ziemlich unzuverlässiges Gedächtnis besitzt, das Unbewußte dagegen mit einem erstaunlich untrüglichen Gedächtnis ausgestattet ist, das ganz ohne unser Zutun die nebensächlichsten Ereignisse in unserem Leben genau aufzeichnet.«

Hohe Merkfähigkeit des Unterbewusstseins

Die erstaunlichen Gedächtnisleistungen Ihres Unterbewusstseins erleben Sie übrigens viel öfter, als Ihnen bewusst ist. Wenn Sie einen Duft wahrnehmen, der ganz unerklärliche Gefühle in Ihnen wachruft, so ist das beispielsweise ein Zeichen dafür, dass sich Ihr Unterbewusstsein gerade an ein früheres Erlebnis – das möglicherweise weit zurück in Ihrer frühesten Kindheit liegt – erinnert und zu dem Duft nun die entsprechende Emotion aufruft. Viele – wenn nicht die meisten – nicht vom Verstand geleiteten Entscheidungen beruhen auf unbewussten Erinnerungen. Ebenso erstaunlich ist die Fähigkeit des Unbewussten, sich an Bewegungsabläufe zu erinnern. Jeder Musiker profitiert davon. Niemand kann sich bewusst an alle Fingerbewegungen erinnern, die nötig sind, um ein Klavierstück nicht nur richtig, sondern auch noch musikalisch zu spielen.

Erstaunliche Leichtgläubigkeit

Den phantastischen Gedächtnisleistungen des Unterbewusstseins, die denen des Bewusstseins bei weitem überlegen sind, stehen allerdings auch Schwächen gegenüber – allen voran eine Schwäche im logischen und folgerichtigen Denken. Das Unterbewusstsein, ein enormes Gedächtnis –

Wenn Sie einem Menschen begegnen, der Ihnen auf Anhieb (ohne dass Sie auch nur ein Wort mit ihm gewechselt haben) sympathisch oder unsympathisch ist – dann hat Ihr Unterbewusstsein aller Wahrscheinlichkeit nach eine emotionale Erinnerung hervorgeholt.

aber: »Außerdem ist das Unbewußte leichtgläubig und nimmt ohne Prüfung hin, was man ihm vorgibt.« Diese Schwäche des Unterbewusstseins wird aber in der Autosuggestion zu einem äußerst bedeutsamen Vorteil. Ja, die »Leichtgläubigkeit« des Unterbewusstseins macht die bewusste Autosuggestion überhaupt erst möglich.

Willenskraft ist eher hinderlich

Um noch einmal auf das Verhältnis zwischen Vorstellungskraft und Willen zurückzukommen: Es ist nicht nur so, dass die Vorstellungskraft wichtiger als der Wille ist. Auch wenn Sie das akzeptieren, so meinen Sie jedoch vielleicht immer noch, dass der Wille zusätzlich zur Vorstellungskraft sicherlich kaum schaden könne. Weit gefehlt! Tatsächlich stellt der Wille oft ein Hindernis dar – für die Autosuggestion auf jeden Fall. Coué betonte daher auch: »Eine Regel ist von immenser, entscheidender Wichtigkeit: Die Anwendung der Autosuggestion muß ohne jegliche Einmischung des Willens stattfinden. Wenn nämlich der Wille mit der Vorstellung nicht übereinstimmt, etwa wenn man denkt: ›Ich will, daß dies oder das eintrifft‹, so muß die Vorstellungskraft lediglich einwenden: ›Du willst zwar, aber es wird doch nicht geschehen‹, und man wird nicht nur das Gewollte nicht erreichen, sondern sogar das genaue Gegenteil.«

Innere Widerstände ausschalten

Wer seinen Willen einsetzt, um z. B. abzunehmen oder sich das Rauchen abzugewöhnen, handelt nicht nur wenig effektiv – er wird meist gerade das Gegenteil von dem erreichen, was er anstrebt. Denn je stärker der Wille versucht, sich mit seinem »Du musst!« durchzusetzen, desto stärker wird sich die Vorstellungskraft und damit das Unterbewusstsein dagegen stellen. Stellen Sie sich einmal vor, Sie würden auf eine glatte Wasserfläche schlagen: Ist der Schlag sanft, so entsteht ein gewisser Widerstand; schlagen Sie mit aller Kraft, wird das Wasser hart wie ein Stein. Lassen Sie sich dagegen völlig ohne Anstrengung ins Wasser gleiten, empfängt es Sie, ohne einen Gegenimpuls auszuüben.

Coué weist darauf hin, dass die Überlegenheit der Vorstellungskraft schon vor 2000 Jahren bekannt war: »Die Stoiker nutzen die Vorstellungskraft, indem sie sich nicht sagten: ›Ich will kein Leid empfinden‹, sondern vielmehr: ›Ich empfinde kein Leid.‹ «

Wenn Vorstellung und Wille übereinstimmen

Nun werden vielleicht Menschen mit überdurchschnittlicher Willenskraft widersprechen und auf ihre Erfolge verweisen – und tatsächlich gelingt es ja hin und wieder einigen, sich von einer Sucht oder von überschüssigen Pfunden zu befreien. Wenn dies gegen die Vorstellungskraft geschehen ist, ist das Ziel nur scheinbar erreicht worden: Die »Befreiung« vom Rauchen ist mit anderen, gravierenderen Problemen erkauft worden, und die Energie des Unterbewusstseins bricht sich in einem Magengeschwür, einem Herzinfarkt, einem Nervenzusammenbruch oder einer Depression Bahn. Wenn der Wille ein ähnliches Ziel wie die Vorstellungskraft hatte, so ist wahrscheinlich viel Energie vergeudet worden – die Vorstellungskraft allein wäre in der Regel schneller und effektiver ans Ziel gelangt. Nur wenn Wille und Vorstellung ganz genau die gleiche Zielrichtung haben, können sie sich gegenseitig effektiv unterstützen.

Auch die weit verbreitete Aversion gegen Mathematik ist Ausdruck für das Gedächtnis des Unterbewusstseins: In der Schulzeit hatte es reichlich Gelegenheit, Verbindungen zwischen diesem Fach und negativen Gefühlszuständen herzustellen.

Die vier Gesetze Coués

Nachdem Emile Coué sich jahrzehntelang mit der Autosuggestion befasst hatte und dabei auf den Antagonismus von Wille und Vorstellungskraft gestoßen war, formulierte er vier Gesetze:

● »Wenn Wille und Vorstellungskraft streiten, siegt immer die Vorstellungskraft – ohne jegliche Ausnahme.«

● »Im Kampf zwischen Wille und Vorstellungskraft ist die Stärke der Vorstellungskraft gleich dem Quadrat der Willenskraft.«

● »Wenn Wille und Vorstellungskraft übereinstimmen, addieren sie sich nicht nur, sondern multiplizieren sich miteinander.«

● »Die Vorstellungskraft ist lenkbar.«

Menschen, die eher eine Aversion gegen die Mathematik hegen, werden einwenden, dass geistige Größen doch wohl kaum in Zahlen zu messen sind. Damit haben sie natürlich völlig recht, und Coué merkt denn auch an, dass die Ausdrücke »Quadrat der Willenskraft« oder »Multiplikation« nur zu Veranschaulichung dienen sollen.

Wille und Vorstellung koordinieren

Wenn Wille und Vorstellungskraft in die gleiche Richtung arbeiten, können sie weitaus mehr erreichen, als man erahnen kann. Eine geringe Vorstellungskraft, die mit einer geringen Willenskraft zusammenarbeitet, führt zu einer Kraft, die in der Lage ist, Berge zu versetzen. Kurz gefasst, bedeutet das für Sie:

● Setzen Sie niemals den Willen gegen Ihre Vorstellungskraft ein! Sie werden sonst bei Ihrem Vorhaben scheitern.

● Lassen Sie Vorstellungskraft und Willen immer in die gleiche Richtung gehen!

Die Vorstellungskraft stärken

Selbstverständlich war es nicht Coués Absicht, mathematische Operationen an unmessbaren geistigen Größen durchzuführen. Also noch einmal für Nichtmathematiker: Wenn Wille und Vorstellungskraft gegeneinander arbeiten, wird die Vorstellungskraft viel stärker, wenn die Willenskraft nur ein kleines Stück größer wird. Wird die Willenskraft deutlich stärker, wächst die Vorstellungskraft, die dagegen wirkt, nahezu ins Unermessliche. Wenn Sie aufmerksam bei der Sache sind, fragen Sie sich jetzt wahrscheinlich, wie Sie es denn anstellen sollen, Vorstellung und Willen die gleiche Richtung zu geben. Coués viertes Gesetz behauptet, dass die Vorstellungskraft zu lenken sei. Ja – dann ist es natürlich einfach. Aber wie? Ein wenig Geduld noch, und Sie werden es erfahren.

Autosuggestion rückt nicht nur Ziele in greifbare Nähe, die unerreichbar erscheinen. Sie macht auch den Weg dorthin leichter, weil man durch die Lenkung der Vorstellungskraft nicht so viel Energie im Zwist mit sich selbst verschleudert.

Grundmuster des Denkens

Nicht genug damit, dass Coué vier Gesetze formulierte, die deutlich machen, wie Vorstellung und Wille zusammenhängen. Sie lassen aber immer noch die Frage offen, wie nun die Vorstellung gelenkt werden kann, wie die Autosuggestion in der Praxis funktioniert. Der praktischen Anwendung kommen die beiden Grundsätze, die sich auf charakteristische Eigenschaften des Denkens beziehen, schon wesentlich näher.

Negative Gedanken verbannen

Der erste Grundsatz lautet: »Man kann zu einer bestimmten Zeit nicht an mehr als eine Sache denken.« Das klingt auf Anhieb erst einmal recht unspektakulär. Dass der Grundsatz immerhin zutrifft, können Sie leicht selbst ausprobieren – Sie werden feststellen, dass Sie zwar zwei Gedanken verfolgen können, indem Sie schnell zwischen ihnen hin- und herwechseln, dass Sie aber niemals wirklich gleichzeitig an zwei Dinge denken. Wenn Sie das nicht glauben wollen, versuchen Sie doch einmal, gleichzeitig in Zweierschritten von 1 bis 100 (1, 3, 5, 7, 9 usw.) und in Dreierschritten von 100 bis 1 (100, 97, 94 usw.) zu zählen!

Nun gut, aber was heißt dies für die Praxis? Während das gleichzeitige Zählen von Zahlenreihen von geringer Bedeutung sein dürfte, verhält es sich anders mit positiven und negativen Gedanken.

Und das ist wichtig, denn es heißt, dass Sie nicht gleichzeitig einen positiven Gedanken denken können und sein Gegenteil. Indem Sie also etwas Positives denken, verbannen Sie das Negative aus Ihren Gedanken. Welch ungeheuer große Bedeutung das für die Autosuggestion hat, wird im Folgenden gezeigt.

>»Die Gedanken sind frei«, lautet der Refrain eines alten deutschen Volkslieds. Wie frei sie tatsächlich sind, stellen wir spätestens bei dem Versuch fest, unsere eigenen Gedanken willentlich zu kontrollieren.

Vom Gedanken zur Wirklichkeit

Der zweite Grundsatz lautet: »Jeder Gedanke, der unseren Geist allein beherrscht, wird für uns zur Wahrheit und strebt danach, Wirklichkeit zu werden.« Jetzt wird es wirklich interessant. Gerade durch eine Zusammenfassung dieser beiden Grundsätze beginnt sich eine Möglichkeit abzuzeichnen, wie wir mit geistigen Mitteln – nämlich mit der bewussten Autosuggestion – unser Leben verändern können.

Wir können nur einen Gedanken gleichzeitig denken – natürlich wählen wir dann einen positiven, wenn wir uns bewusst entscheiden – und da dann dieser eine, positive Gedanke unseren Geist allein beherrscht, wird er – so verspricht Coué – für uns zur Wahrheit. Unser Unterbewusstsein versucht dann, die innere Wahrheit zur äußeren Wirklichkeit werden zu lassen. Angenommen, Sie wollten abnehmen. Der Wille ist also da – aber den sollten Sie erst einmal beiseite lassen, nachdem er seine Aufgabe, eine Handlungskette auszulösen, erledigt hat. Wichtig ist nun die Vorstellung, die »bezähmt« werden muss, damit Sie nicht ständig vom Wunsch nach Leckereien geplagt werden. Coué sagt in seinem ersten Grundsatz, dass Sie nicht gleichzeitig denken können: »Ich habe Appetit«, und: »Ich bin satt und fühle mich wohl.«

Das ist doch schon etwas. Nehmen Sie nun noch den zweiten Grundsatz hinzu, und sehen Sie, was Sie erreichen können, wenn Sie den positiven Gedanken: »Ich bin satt und fühle mich wohl« für eine Weile Ihren Geist beherrschen lassen. Ihr Unterbewusstsein wird versuchen, diesen Satz, der für seine leichtgläubige Auffassung eine innere Wahrheit darstellt, Wirklichkeit werden zu lassen – d. h., es wird dafür sorgen, dass Sie sich tatsächlich wohl fühlen und keinen Appetit verspüren.

Anleitung für die Praxis

Wahrscheinlich haben Sie jetzt schon eine erste Ahnung davon bekommen, wie die Autosuggestion funktioniert. Denn was gerade beschrieben wurde, ist ja im Grunde genommen das Prinzip der bewussten Autosuggestion: Ein positiver Gedanke wird dem Unterbewusstsein präsentiert, und da nicht gleichzeitig ein negativer Gedanke präsent sein kann, wird der positive Gedanke für das naive Unterbewusstsein zur Wahrheit, und es setzt alles daran, die äußere der inneren Wirklichkeit anzupassen.

Bewusste Anstrengung vermeiden

Lassen Sie uns jetzt die praktische Vorgehensweise bei der bewussten Autosuggestion genauer betrachten und hören, was Emile Coué dazu zu sagen hatte. Der erste wichtige Punkt, der weiter oben theoretisch erläutert wurde, besteht darin, die Willensanstrengung, ja überhaupt jedes Bemühen aufzugeben. Lösen Sie sich von der Vorstellung, die Sie bisher wahrscheinlich hatten. Es bedarf keiner Anstrengung, um etwas zu erreichen! Coué betonte auch immer wieder: »Wenn Sie die bewußte Auto-

Hüten Sie sich vor dem Versuch, sich durch Autosuggestion etwas »einreden zu wollen«. Wie der Ausdruck schon besagt, ist dabei Ihr Wille am Werk – und der wird den inneren Widerspruchsgeist wecken.

suggestion anwenden, so sollten Sie dies als eine vollkommen natürliche, äußerst einfache Sache betrachten, von deren Wirksamkeit Sie felsenfest überzeugt sind; und vor allem sollten Sie es ohne jede Anstrengung tun. Gerade deshalb, weil es ganz ohne Anstrengung geschieht, verwirklichen sich unbewußte und meist schädliche Autosuggestionen so leicht.«

> Coué wollte den Willen als Antriebskraft nicht völlig ausschalten. Er legte aber großen Wert darauf, dass die Vorstellung gegenüber dem Willen den absoluten Vorrang hat, wenn es gilt, ein bestimmtes Ziel zu erreichen.

Ganz entspannt geht es besser

Das, was Coué hier noch einmal sagt, nämlich, dass die Autosuggestion eine geradezu kinderleichte Sache ist, sollten Sie sich immer wieder vor Augen führen. Gerade das ist ja die große Stärke der Autosuggestion: Ohne jede Anstrengung bringt Sie die Methode der bewussten Autosuggestion an Ihr Ziel – so, wie es Ihre unbewussten negativen Autosuggestionen mühelos geschafft haben, Ihnen das Leben schwer zu machen.

Anstrengung ist für die Autosuggestion nicht nur nutzlos; sie ist geradezu schädlich. Coué wies seine Zuhörer darauf hin: »Um eine gute Autosuggestion durchzuführen, ist es absolut notwendig, daß man jede Anstrengung vermeidet. Denn solche Anstrengung beinhaltet den Einsatz des Willens – und der Wille ist dabei absolut nicht zu gebrauchen. Man darf sich ausschließlich an die Vorstellungskraft halten.«

Der Wille ist nur der Zündfunke

Über den Willen wurde in diesem Buch zwar schon gesprochen, aber das Wollen ist in vielen Menschen so tief verankert, dass man es besser noch einmal wiederholt: Mit dem Willen erreichen Sie nichts, mit der Vorstellungskraft alles! Vielleicht erinnern Sie sich noch daran, wie Coué davon sprach, dass Wille und Vorstellungskraft, wenn sie in die gleiche Richtung wirken, sich multiplizieren. Liegt darin nicht ein Widerspruch zu der Behauptung, dass der Wille bei der Autosuggestion immer negativ wirkt? Nur auf den ersten Blick. Der Wille hat schon einen Sinn. Natürlich müssen Sie zunächst etwas wollen; wenn Sie beispielsweise das Rauchen überhaupt nicht aufgeben wollten, würden Sie natürlich niemals eine Autosuggestion ausüben können, die Sie von der lästigen Gewohnheit befreit.

Der Wille ist wie das Drehen am Zündschlüssel eines Autos: Es ist zwar unbedingt notwendig, die Zündung zu betätigen, doch wenn der Motor erst einmal läuft, schadet ein weiteres Herumdrehen am Schlüssel nur. Deshalb lassen Sie Ihren Willen, nachdem er »gezündet« hat, in Ruhe, und folgen Sie der Empfehlung Coués: »Je mehr Sie sich sagen: ›Ich will nicht‹, desto sicherer tritt die Sache doch ein. Sie müssen sich sagen: ›Es geht vorüber‹, und dies dann auch denken.«

Die Praxis – unglaublich einfach

Nun sind Sie schon mitten in der Praxis der Autosuggestion. Und vermutlich – Coués Erfahrung und auch unsere eigene zeigt das – werden Sie wohl ein wenig ungläubig denken: »Das soll nun schon Autosuggestion sein? Um eine Veränderung einzuleiten, soll es ausreichen zu sagen: ›Es geht vorbei, und es (z. B. meine Nikotinsucht) verschwindet?‹ Das ist unmöglich, das geht nicht!« Zugegeben, ein bisschen mehr gehört noch dazu, aber nicht viel. Erinnern Sie sich daran, wie weiter oben Coué zitiert wurde: »Es ist eine sehr einfache Sache, ja, ich möchte sogar sagen, eine zu einfache, um sie auf Anhieb zu verstehen«?

Viele Menschen können kaum einen Gedanken oder ein Projekt ohne negative Einschränkungen und Zweifel formulieren. Das soll vor potenziellen Enttäuschungen schützen, wirkt sich aber häufig wie eine selbsterfüllende Prophezeiung aus.

Positive Ausdrücke wählen

Möglicherweise sind Sie noch nicht ganz davon überzeugt, dass die bewusste Autosuggestion ganz einfach nachzuvollziehen ist. Dennoch sollten Sie Coués Rat beherzigen und alle entmutigenden Ausdrücke aus Ihrem Wortschatz verbannen, wie z. B.:

- »Das wird schwierig.«
- »Das geht nicht.«
- »Ich kann nicht anders.«
- »Das ist unmöglich.«
- »Ich kann nichts dagegen tun.«
- »Das wird mir zu viel.«

Diese Ausdrücke sind schwach und mutlos. Ihre Rede sollte eher von positiven Wendungen wie den folgenden geprägt sein:

- »Es liegt an mir.«
- »Ich kann das.«
- »Es ist ganz einfach.«
- »Ich werde das schaffen.«

Die Macht der Worte

Worte sind unglaublich wichtig. Und vor allem stellen sie die einfachste Methode dar, unserem Unterbewusstsein Suggestionen zu übermitteln. Die bewusste Autosuggestion ist eine Methode, die mit Worten arbeitet. Die Worte sind im Unterbewusstsein mit Vorstellungen verbunden, und wenn Sie die richtigen Worte verwenden, lösen Sie damit die richtigen Autosuggestionen aus und lassen Ihr Unterbewusstsein die Arbeit tun. »Richtig« bedeutet in diesem Fall »positiv«. Sie ahnen nicht, was Sie allein dadurch erreichen können, dass Sie nur noch positive, kraftvolle und freudige Worte verwenden. Probieren Sie es aus!

Positiv formulieren bedeutet nicht, alles zwanghaft schönfärberisch auszudrücken. Es stellt die negativen Aspekte einer Sache noch lange nicht in Abrede, wenn man statt ihrer ganz bewusst die positiven Seiten hervorhebt.

Coués suggestive Zauberformel

Anfangs verwendete Coué viele verschiedene Suggestionsformeln, die jeweils ein bestimmtes Problem ansprachen. Nach jahrzehntelangen Erfahrungen mit der bewussten Autosuggestion fand er jedoch heraus, dass es in der Regel überhaupt keiner spezifischen Autosuggestionen bedurfte. Die speziellen Autosuggestionen hatten sich zwar als sehr erfolgreich erwiesen, doch es kam natürlich immer wieder vor, dass ein Patient sein Problem falschen Ursachen zuschrieb oder auch einfach keine Vorstellung davon hatte, wo sich das erkrankte Organ befand, geschweige denn davon, was seine genaue Aufgabe war.

Zu spezifische Suggestionen vermeiden

Erinnern Sie sich nun daran, dass das Unterbewusstsein naiv und leichtgläubig ist; weiterhin daran, dass es zwar jede Autosuggestion wortwörtlich zu verwirklichen sucht, dabei aber nicht selbstständig vorgeht: Dann wird klar, dass eine Autosuggestion, die das Problem nicht genau fasst, wenig bewirkt oder im Extremfall sogar schädlich sein kann. Nehmen wir z. B. an, jemand leidet unter Bauchschmerzen und gibt seinem Unterbewusstsein die Suggestion ein: »Mein Magen ist völlig frei von Schmerzen!«, so wird sein Unterbewusstsein dafür sorgen, dass der Magen gesund wird. Schön und gut – doch wenn nun der Bauchschmerz von der Bauchspeicheldrüse oder der Gallenblase ausgeht, ist dem Leidenden natürlich wenig damit geholfen, dass es seinem Magen gut geht.

Universal gültige Botschaften senden

Aufgrund solcher Erfahrungen und mit einiger Überlegung entwickelte Coué daher seine weltberühmt gewordene Universalformel, die die Kraft des Unterbewusstseins nicht einengt und keine Missverständnisse zulässt. Diese »Zauberformel« lautet in der üblichen deutschen Übersetzung, die Sie vielleicht auch schon einmal gehört haben:

> *»Es geht mir mit jedem Tag*
> *in jeder Hinsicht*
> *immer besser und besser!«*

Im französischen Original heißt es: »Tous les jours, à tous points de vue, je vais de mieux en mieux.« Die französische Version hat den Vorteil, dass sie das passive »Es geht mir« vermeidet – kein unbeträchtlicher Vorteil, denn bei der bewussten Autosuggestion geht es ja gerade darum, nicht ausgeliefert zu sein, sondern sein Schicksal in die eigenen Hände zu nehmen. Obwohl die bekannte deutsche Übersetzung keineswegs falsch ist, finden Sie hier als Vorschlag eine Alternative, die das Passiv vermeidet. Wählen Sie für sich die Fassung, die Sie persönlich stärker anspricht:

> *»Ich vervollkommne mich*
> *mit jedem Tag, in jeder Hinsicht,*
> *immer mehr!«*

Aber unabhängig davon, welche Version Sie verwenden – Coués »Zauberformel« sollte Ihr ständiger Begleiter werden. Warten Sie nicht erst ab, bis es Ihnen schlecht geht, bis Sie krank werden, oder bis Sie sich für Ihre Zukunft ein ganz bestimmtes Ziel gesetzt haben.

Die Formel hilft auch – und gerade dann –, wenn Sie sich keineswegs »besser und besser« fühlen. Der Verstand muss nicht von der Richtigkeit dieser Aussage überzeugt werden, sondern das Unterbewusstsein soll die Botschaft aufnehmen.

Die richtige Vorgehensweise

Die größte Schwierigkeit bei der Autosuggestion besteht darin, sich nicht anzustrengen. Wir sind zu sehr daran gewöhnt, uns gewaltsam zusammenzureißen und ständig zu kontrollieren, ob wir auch alles richtig machen.

Jetzt wissen Sie also nicht nur, wie Bewusstsein und Unterbewusstsein funktionieren, wie Wille und Vorstellungskraft zusammenhängen und was die bewusste Autosuggestion ausmacht, sondern sogar, welche allgemeine Suggestionsformel ideal ist. Damit Sie nun damit beginnen können, die ungeheure Kraft Ihres Unterbewusstseins zu aktivieren, müssen Sie nur noch erfahren, wie die Suggestionsformel einzusetzen ist.

Wie alles an der bewussten Autosuggestion ist auch die richtige Vorgehensweise äußerst einfach. Coué gab folgende Anleitung: »Man führe die Suggestion auf möglichst schlichte, kindliche und mechanische Weise durch, also ohne jedwede Anstrengung. Kurz gesagt: Die Formel sollte wie eine Litanei heruntergesagt werden. Dadurch kommt es dazu, daß sie völlig automatisch durch das Ohr zum Unterbewußten vordringt – und wenn sie dort erst einmal angekommen ist, wirkt sie auch.«

Versuchen Sie nicht, die Formel besonders eindringlich oder gar pathetisch zu sprechen, ihr eine besonders tiefe Bedeutung zu geben, sich auf sie zu konzentrieren oder jedes Wort in Ihrem Geist genau zu formen – das alles ist nicht notwendig und strengt nur an.

Kurz nach dem Aufwachen und kurz vor dem Einschlafen ist das Unterbewusstsein sehr aufnahmefähig und prägt sich Suggestionen besonders gut ein.

Die Formel laut aussprechen

Je weniger Ihr Bewusstsein mit der Formel befasst ist, desto unverfälschter gelangt sie in Ihr Unterbewusstsein. Und dort soll sie ja schließlich auch hin. Sie können sogar an ganz etwas anderes denken oder etwas ganz anderes tun, während Sie die Formel sprechen; darauf kommt es nicht an. Wichtig ist nur, dass Sie die Formel tatsächlich sprechen und nicht nur denken. Und zwar sollten Sie sie mindestens in einer Lautstärke sprechen, die Sie selbst gerade noch hören können.

Ablenkende Gedanken ausschalten

Wenn Sie die Formel nur in Ihren Gedanken wiederholen, führt das beinahe zwangsläufig zu einer Anstrengung – die ja unbedingt vermieden werden sollte. Außerdem sind die Gedanken – außer vielleicht bei jemandem, der über jahrelange Meditationserfahrung verfügt – immer »verunreinigt«, d. h., es schleichen sich in die gedanklich gesprochene Formel andere Gedanken ein, die die Aussage verfälschen. Höchstwahrscheinlich sogar Gedanken, die der Formel geradewegs widersprechen – also eine zweite, negative Autosuggestion auslösen. Wenn Sie die Formel dagegen ohne Anstrengung »herunterleiern«, so dass die Worte für das Bewusstsein nahezu bedeutungslos sind, gelangt die »reine« Formel in Ihr Unterbewusstsein, das sie dann umzusetzen versucht.

Die bei manchen fernöstlichen Meditationen monoton wiederholte Silbe »Om« erfüllt eine ähnliche Funktion wie die laute Aussprache von Coués Formel: Das gedankliche Abschweifen wird verhindert.

Vom richtigen Zeitpunkt

Die Autosuggestion lebt von der Wiederholung. Wenn Sie die Formel nur einmal in der Woche sprechen, wird sie natürlich keinerlei Wirkung haben. Coué empfiehlt, mindestens zweimal am Tag, morgens gleich nach dem Aufwachen und abends, wenn Sie bereits ins Bett gegangen sind, die Formel 20-mal zu sprechen.

Der Morgen und der Abend sind als Zeitpunkt nicht beliebig – sie haben ihre ganz besondere Bedeutung. Erstens ist Ihr Unterbewusstsein zu Zeiten, wo Sie ein wenig schläfrig oder noch nicht vollkommen wach sind, außerordentlich aufnahmefähig – und das ist eben meist morgens und abends der Fall. Es ist aber durchaus sinnvoll, auch dann, wenn Sie nachmittags ein wenig Müdigkeit verspüren, die Formel zu sprechen.

Für die morgendliche und abendliche Autosuggestion spricht aber noch ein zweites Argument: Die Morgen-Autosuggestion verschafft Ihnen einen idealen Start in den Tag, und die Abend-Autosuggestion »erinnert« das Unterbewusstsein noch einmal an seine Aufgabe, die es in der Nacht, wenn das Bewusstsein ausgeschaltet ist, besonders gut erfüllen kann. Nachts, wenn wir träumen, übernimmt das Unterbewusstsein bekanntlich die Herrschaft und wird aktiv.

> Am besten lässt sich das Unterbewusstsein im Zustand der Entspannung ansprechen. Das ist jeweils abends kurz vor dem Einschlafen und morgens kurz nach dem Aufwachen der Fall.

Negative Autosuggestionen

Coué erwähnt noch einen weiteren, außerordentlich wichtigen Punkt: »Wenn wir morgens und abends bewußte, positive Autosuggestionen anwenden, vernichten wir das Negative, das wir möglicherweise während der vorhergehenden zwölf Stunden mit unbewußten, negativen Autosuggestionen angehäuft haben.«

Tagsüber, wenn unser Bewusstsein aktiv ist, schwirren alle möglichen Gedanken in unserem Kopf herum. Sehr viele davon sind durch langjährige Gewohnheiten, Denkmuster und Einstellungen geprägt, die ständig Autosuggestionen auslösen und festigen. Die meisten davon sind, da sie unterbewusst gegeben werden, negativ. Um diesen negativen, unbewussten Autosuggestionen entgegenzuwirken, ist die bewusste Autosuggestion mit Coués Universalformel ideal.

Immunität gegen Suggestionen gibt es nicht

Die bewusste Autosuggestion ist für alle Menschen, die nicht geisteskrank sind, problemlos anwendbar und wird ihr Leben, ihr Wohlbefinden und ihre Gesundheit in kurzer Zeit spürbar verbessern.

Obwohl das ohne Einschränkung zutrifft, scheint es dennoch ab und zu Menschen zu geben, bei denen die bewusste Autosuggestion keinen Erfolg hat. Sie üben zwar so, wie Coué es empfohlen hat, jeden Tag, morgens und abends, doch ihre Leiden bleiben unverändert. Sie fühlen sich nicht wohler und glauben resignierend, dass sie immun gegen Autosuggestionen sind. Eine solche Immunität gibt es jedoch nicht – gäbe es sie, so würden diese Menschen völlig frei von jeglichen Leiden sein, da ja auch die unbewussten Autosuggestionen dann ihre schädlichen Wirkungen niemals hätten entfalten können.

Wie das zu erklären ist? Coué gibt die Antwort: »Der Grund dafür, daß manche Menschen mit der Autosuggestion keine befriedigenden Ergebnisse erzielen, liegt entweder daran, daß es ihnen an Vertrauen fehlt, oder – was viel häufiger vorkommt – daß sie sich dabei Mühe geben.«

Ganz mühelos üben

Später nahm er jedoch sogar diese Forderung nach Vertrauen in die Methode zurück, denn er hatte erkannt, dass die Methode völlig unabhängig vom Vertrauen in sie funktioniert. Selbst hartnäckige Skeptiker können also durchaus Erfolg damit haben. Lediglich ein aktives Nicht-Vertrauen, also eine unbewusste oder bewusste Autosuggestion, die lautet: »Die Methode der bewussten Autosuggestion kann mir nicht helfen«, kann dem Erfolg abträglich sein.

Wenn Sie also, was glücklicherweise selten der Fall ist, trotz regelmäßiger bewusster Autosuggestion keinen Fortschritt spüren, so müssen Sie nur einen Rat befolgen: Geben Sie sich keine Mühe.

Das Wirkungsspektrum ist unerschöpflich

Obwohl Coué über Jahrzehnte hinweg Erfahrungen mit seiner Methode sammelte und Hunderten von Menschen helfen konnte, war er doch immer wieder selbst überrascht, welch enorme Wirkung das Unterbewusstsein mitunter entfalten kann.

So schrieb er: »Befolgt man meinen Rat in rechter Weise, also unter Vermeidung jedweder Anstrengung, so wird man alles erreichen, was ein Mensch überhaupt erreichen kann. Ich möchte hinzufügen, daß ich selbst oft nicht weiß, wo die Grenzen des Möglichen liegen.«

Coué empfahl seinen Zuhörern dringlich, die Methode der bewussten Autosuggestion ihr ganzes Leben lang auszuüben, weil sie ebenso gut vorbeugend wie heilend wirken kann.

Die Praxis – kurz gefasst
Verinnerlichen Sie die Universalformel Coués: »Es geht mir mit jedem Tag in jeder Hinsicht immer besser und besser«, oder alternativ die Formel: »Ich vervollkommne mich mit jedem Tag, in jeder Hinsicht, immer mehr!« ● Gewöhnen Sie sich daran, die Formel monoton, mechanisch, kindlich und ohne die geringste Anstrengung zu sprechen. ● Sprechen Sie so laut, dass Sie sich gerade noch selbst hören können, denn über das Gehör gelangt die Formel leichter in Ihr Unterbewusstsein. ● Nehmen Sie sich eine Schnur, und machen Sie 20 Knoten im Abstand von je einem Zentimeter hinein (oder knüpfen Sie sich eine Perlenkette). Mit Hilfe dieser Schnur können Sie dann, ohne mitzählen zu müssen, die Formel sprechen. ● Jeden Morgen gleich nach dem Aufwachen und jeden Abend nach dem Zubettgehen nehmen Sie die Knotenschnur zur Hand und sprechen die Formel 20-mal.

Autosuggestion hilft nur, wenn man sie regelmäßig anwendet. Machen Sie ein kleines Ritual daraus, und sprechen Sie die Formel möglichst immer zur selben Tageszeit und am selben Ort aus, bis sich eine feste Gewohnheit daraus gebildet hat.

Methodische Weiterentwicklungen

Coué entwickelte mit der bewussten Autosuggestion eine ungeheuer effektive, einfache und umfassende geistige Übungsmethode, die zuvor im Westen nicht ihresgleichen hatte. Auch wenn Coués Methode bald ein Jahrhundert alt ist, ist sie nicht veraltet – ganz im Gegenteil: Heute besinnen sich immer mehr Menschen darauf, dass den menschlichen Leiden, seien sie nun körperlicher oder seelischer Natur, mit Chemie und Technologie nur in begrenztem Maß Einhalt zu gebieten ist.

Die Anregungen Coués inspirierten natürlich einige Nachfolger. Nachdem Coué den Weg zur gewaltigen Kraft des Unterbewusstseins frei gemacht hatte, wurde weitergeforscht, und neue Methoden wurden entwickelt, die auf der bewussten Autosuggestion aufbauen. Die bekanntesten dieser Methoden werden im Folgenden kurz vorgestellt.

Positives Denken

Die älteste Nachfolgemethode ist das positive Denken, mit so bekannten Vertretern wie Dr. Joseph Murphy, Norman Vincent Peale, Napoleon Hill und Erhard F. Freitag. Das positive Denken steht der bewussten Autosuggestion noch sehr nahe. Auch das positive Denken arbeitet schwerpunktmäßig mit Worten und positiven Suggestionsformeln; dabei betont es insbesondere die richtige – d. h. positive – Wortwahl im alltäglichen Denken, wie es auch Coué schon empfahl.

Neurolinguistisches Programmieren (NLP)

Eine sehr junge Methode, die sich seit Anfang der achtziger Jahre enorm verbreitet hat, ist das Neurolinguistische Programmieren (NLP). Es wurde von Michael Grinder und Richard Bandler entwickelt.
Beim NLP geht es um die »Umprogrammierung« des Unterbewusstseins mit Worten und Bildern. NLP wird vor allem als Kurzzeittherapie und im Motivationstraining eingesetzt.

Aktive Imagination

Der amerikanische Arzt Carl Simonton entwickelte eine Form der bewussten Autosuggestion, die statt mit Worten ausschließlich mit Imaginationen, d. h. mit inneren Bildern, arbeitet. Diese aktive Imagination setzte er erfolgreich in der Krebstherapie ein.

Personale Integration (PI)

Die personale Integration (PI), eine von Aljoscha A. Schwarz und Ronald P. Schweppe entwickelte Methode, entstand aus der Verbindung jüngster neuropsychologischer Erkenntnisse, bewusster Autosuggestion und Imaginationstechniken, die die Zusammenarbeit beider Gehirnhälften fördern. Die Methode wird vorrangig zur Motivationsförderung und zur persönlichen Zielverwirklichung eingesetzt.

Trotz wichtiger Neuentwicklungen bleibt die Autosuggestion noch immer die einfachste Methode der Heilung durch den Geist. Bei der Vorbeugung von körperlichen und seelischen Krankheiten ist sie nach wie vor unübertroffen.

Die heilende Kraft des Unterbewusstseins

Die Diagnose ist nicht alles

Es gilt in der Heilkunde das ungeschriebene Gesetz: Vor der Behandlung steht die richtige Diagnose. Dagegen ist prinzipiell sicherlich nichts einzuwenden: Viele ärztliche Kunstfehler könnten vermieden werden, wenn die Ärzte sich die Zeit für eine genaue Diagnose nehmen würden – von den vielen selbst ernannten Heilern, die zum Teil lebensgefährliche Methoden oder Mittel anwenden, ohne den Patienten und sein Leiden zu kennen, ganz zu schweigen.

Doch das Wissen über die Ursache eines Leidens kann natürlich nicht wirklich an erster Stelle stehen. Coué wies darauf hin, als er sagte: »Es ist besser, die Ursache eines Leidens nicht zu kennen, es aber dennoch zu beseitigen, als die Ursache zu kennen, es aber zu behalten.«

Die Kenntnis der Ursache allein heilt noch nicht

Coué glaubte nicht, dass Autosuggestion die Behandlung durch einen Arzt ersetzen kann. Er wollte dem Patienten eine Möglichkeit an die Hand geben, die Therapie durch eigene Maßnahmen zu unterstützen.

Sicherlich ist es nicht unwichtig, die Ursache eines Leidens zu erkennen. Doch die Suche nach Ursachen gewinnt oft ein solches Übergewicht, dass dabei für die Suche nach den Möglichkeiten, das Leiden zu beenden, überhaupt kein Raum mehr bleibt.

Es wird von einigen Menschen übersehen, dass das Wissen um die Ursache keineswegs immer – oder auch nur in den meisten Fällen – die körperliche oder seelische Krankheit verschwinden lässt. Wenn Sie beispielsweise große Trauer empfinden, weil ein naher Angehöriger verstorben ist, wird es Ihnen wenig helfen, zu wissen, weshalb Sie trauern – viel wichtiger ist es für Sie, die Trauer aktiv zu überwinden. Hinzu kommt, dass ein Laie in den meisten Fällen überfordert sein dürfte, wenn es darum geht, die exakten Ursachen eines Leidens aufzuspüren.

Dem Arzt nicht ins Handwerk pfuschen

Deshalb gab Coué seinen Patienten den Rat: »Kümmern Sie sich nicht um die Ursache Ihres Leidens, sondern stellen Sie lediglich die Wirkung fest, und lassen Sie sie verschwinden. Nach und nach wird dann Ihr Unterbewusstsein auch die Ursache verschwinden lassen, wenn die Möglichkeit gegeben ist.« Um keine Missverständnisse aufkommen zu lassen: Natürlich sollte bei einer körperlichen oder seelischen Krankheit ein Arzt bzw. Psychologe hinzugezogen werden, der natürlich auch zumindest teilweise die Ursachen aufklären muss, um die beste Behandlungsmöglichkeit zu finden. Coué betonte immer wieder, dass seine Methode kein Ersatz, sondern ein Hilfsmittel für die ärztliche Therapie sei.

Unbewusste Autosuggestion macht krank

Die Empfehlung Coués, sich nicht so sehr mit den Ursachen einer Krankheit zu befassen, beruht auf der Erfahrung, dass die Vorstellung einer Krankheit zu den Symptomen eben dieser Krankheit führen kann. Einige Menschen sind für dieses Phänomen besonders anfällig: Je stärker ein Mensch Suggestionen zugänglich ist, desto eher wird er mit unbewussten Autosuggestionen Krankheitssymptome hervorrufen – aber er wird seine Leiden dafür auch wieder leichter durch bewusste Autosuggestion los.

Negative Erwartungen werden bestätigt

Coué beschreibt einige interessante Beispiele, bei denen er das Phänomen der autosuggestiv hervorgerufenen Symptome beobachtete. Ein besonders deutliches Beispiel ist das eines Asthmatikers: »Der Mann hat gut geschlafen, brauchte keine Medikamente und ist zufrieden und symptomfrei. Als er aufsteht und die Vorhänge öffnet, sieht er, daß die Stadt in dichtem Nebel liegt – sofort bekommt er Atemnot und einen heftigen Asthmaanfall. Wohlgemerkt: Nicht etwa durch den Nebel, denn der war schon die ganze Nacht über da, sondern allein durch die Vorstellung, daß Nebel Asthmaanfälle verursacht!«

Es gibt viele Hinweise darauf, dass die stetige Angst vor Krankheiten auf lange Sicht das Immunsystem schwächt. Wer ständig um seine Gesundheit fürchtet, erhöht so das Risiko, tatsächlich zu erkranken.

Die Entstehung von Krankheiten

Eine der wichtigsten Ursachen für chronische Krankheiten ist die Angst vor der Krankheit, genauer gesagt, die Angst vor Symptomen. Wenn wir etwas fürchten, nimmt es unsere Aufmerksamkeit gefangen, und unser Bewusstsein richtet sich ganz auf diese Angst. Die Angst ist Angst vor einem Ereignis, und dieses gefürchtete Ereignis erfüllt unser Bewusstsein – und bewirkt damit eine (unbewusste) Autosuggestion, die dann versucht, den Bewusstseinsinhalt, den es als innere Wirklichkeit erlebt, äußere Wirklichkeit werden zu lassen. Deshalb sagte Coué ganz zu recht so pointiert: »Krankheit zu fürchten, heißt, sie zu verursachen.«

Angst ist notwendig, um uns vor akuten Gefahren zu warnen. Sie kann sich aber auch verselbstständigen und zum beherrschenden Lebensgefühl werden, das uns in unserer freien Entfaltung einschränkt und krank macht.

Vorprogrammierte Krisen

Die Entstehung von negativen Gedankenmustern erklärte Coué folgendermaßen: Nach einer ersten Krise, die durch einen körperlichen oder seelischen Schock – einen Unfall oder einen Schicksalsschlag – ausgelöst wurde, hofft der oder die Betreffende: »Hoffentlich geschieht mir das nicht wieder!« Und gerade dieser Satz löst dann eine negative Autosuggestion aus, die genau das Gegenteil von dem Erhofften bewirkt.
Warum das so ist? Erinnern Sie sich daran, dass das Unterbewusstsein alles wortwörtlich nimmt und dabei etwas naiv ist. Betrachten Sie einmal, was genau vorgeht, wenn Sie sich beispielsweise denken: »Hoffentlich liege ich heute Nacht nicht wieder wach!« Dieser Satz ist für unser Bewusstsein unmissverständlich.

Sich selbst erfüllende Prophezeiungen

Aber für das Unterbewusstsein sieht das anders aus. Ein Grund dafür ist, dass das Unterbewusstsein keine Grammatik kennt, sondern nur die einzelnen Teile des Satzes zusammenfügt. Das Unterbewusste hört Folgendes: »Hoffnung« (Zweifel) – »heute nacht« – »wach liegen!« (darum geht es!) – »nicht« (wird vom Unterbewusstsein praktisch ignoriert, da es dieses Wort nicht in eine bildliche Vorstellung umsetzen kann). Der Kernsatz, den das Unterbewusstsein als Autosuggestion empfängt, lautet also: »Heute nacht wach liegen!« – und diese Autosuggestion erfüllt es dann auch prompt. Coué beschreibt auch, wie diese angstvollen unbewussten Autosuggestionen den Charakter von »sich selbst erfüllenden Prophezeiungen« annehmen können: »Die Vorstellung, daß die Migräne an dem Tag auftritt, an dem Sie zum Essen eingeladen sind ... wird Ihnen genau an diesem Tag eine Migräne bescheren; nicht am Tag zuvor oder danach, sondern genau an diesem Tag.«

Ängste werden leicht wahr

Die Furcht vor einer bestimmten Krankheit kann also dazu führen, dass man krank wird, oder sie kann eine bestehende Krankheit chronisch werden lassen. Eine andere Möglichkeit besteht darin, sich vor Krankheit im Allgemeinen zu fürchten und aktiv nach Krankheiten zu suchen, die einen eventuell befallen haben könnten. Auch davor warnte Coué seine Zuhörer ausdrücklich: »Vergeuden Sie Ihre Zeit nicht, indem Sie nach Krankheiten suchen, die Sie möglicherweise haben könnten – denn wenn Sie nicht wirklich unter einer Krankheit leiden, werden Sie auf diese Art und Weise künstlich eine herbeiführen.«

Es ist bis heute nicht klar, wie viele Krankheiten und Gebrechen durch negative Autosuggestionen ausgelöst werden. Einige Forscher sind der Ansicht, dass bei so gut wie jeder Krankheit negative Autosuggestionen eine Rolle spielen. Coué selbst sagte einmal: »Ich gehe sogar soweit zu behaupten, es genüge sich zu denken: ›Ich bin taub, bin blind, bin gelähmt‹, um wirklich taub, blind oder gelähmt zu sein.«

Die »eingebildeten« Kranken

Tatsächlich ist die Existenz der so genannten psychogenen, also seelisch bedingten Taubheit, Blindheit oder Lähmung heute auch in der Medizin unumstritten. Selbstverständlich heißt das nun nicht, dass es nicht auch andere Ursachen gäbe. Coué fuhr deshalb auch fort: »Ich will damit natürlich keineswegs behaupten, daß alle Tauben, Blinden oder Gelähmten es

Zu Coués Zeit kamen psychisch bedingte Lähmungserscheinungen sehr viel häufiger vor als heute; auch Freud beschrieb zahlreiche solcher Fälle. Heute dagegen sind Depressionen verbreiteter als zu Beginn des Jahrhunderts.

nur deshalb seien, weil sie dies glaubten – doch einige unter ihnen sind tatsächlich taub, blind oder gelähmt, weil sie dies glauben. Bei diesen Patienten kommt es dann zu den angeblichen Wunderheilungen, die ich selbst so oft erlebe.«

Diese »Wunderheilungen« treten dann ein, wenn die Betroffenen dazu gebracht werden, ihre negativen Autosuggestionen durch positive zu ersetzen. Jemand, der sich immer wieder sagte: »Ich kann mein Bein nicht bewegen«, geht beispielsweise zu einem Heiler, der ihm die Hand auflegt und sagt: »Von nun an kannst du wieder gehen!« Wenn der »Gelähmte« nun an die Kräfte des Heilers glaubt, wird er natürlich denken: »Von nun an kann ich wieder gehen!« – seine negative Autosuggestion wurde durch eine positive ersetzt –, und er steht auf und geht.

Natürlich sollte man sich bei gravierenden Erkrankungen nicht ausschließlich auf die Heilkräfte des Unterbewusstseins verlassen. Doch auch in solchen Fällen kann bewusste Autosuggestion die ärztliche Therapie wirkungsvoll verstärken.

Wie bewusste Autosuggestion heilt

»Aus dem bisher Gesagten könnte man schlußfolgern, daß im Grunde genommen kein Mensch krank sein sollte. Diese Folgerung ist durchaus richtig. Fast ausnahmslos kann jedwede Krankheit durch die Anwendung der Autosuggestion zum Abklingen gebracht werden.« Diese Aussage Coués stieß damals auf Skepsis, und sie tut es auch heute noch. Doch es wird immer deutlicher, dass Coué wohl recht hatte. Die neuesten Forschungsergebnisse der Psychoneuroimmunologie, der medizinischen Wissenschaft, die sich mit den Zusammenhängen zwischen Gedanken und körperlichen Abläufen befasst, weisen darauf hin, dass fast alle physiologischen Vorgänge durch den Geist beeinflusst werden können.

Den inneren Arzt wirken lassen

Der beste Arzt der Welt ist tatsächlich unser Geist – genauer gesagt, unser Unterbewusstsein, unser innerer Arzt. Dieser innere Arzt kann praktisch alles heilen, was überhaupt geheilt werden kann. Vorausgesetzt, wir lassen ihn in Ruhe seine Arbeit tun und sorgen für die richtigen Voraussetzungen. Dazu gehört auch, dass wir ihn nicht ständig ablenken. Konkret heißt das, dass wir nicht nach Krankheiten Ausschau halten sollten, denn das schafft erst die negativen Autosuggestionen, die zu Beschwerden führen und die Arbeit unseres inneren Arztes behindern. Coué drückte das treffend aus: »Indem Sie die Einzelheiten suchen, schaffen Sie sie erst – und da brauchen wir dann eine ellenlange Liste, um die Aufzählung all Ihrer Leiden niederzuschreiben. Letzten Endes ist Ihr Leiden nur seelischer Natur. Jetzt stellen Sie sich nur recht lebhaft vor, daß es schon auf dem Wege der Besserung ist, und Sie werden bald genesen sein. Ich werde Sie lehren, wie man das anpackt. Es ist kinderleicht!«

Vertrauen in die verborgenen Kräfte

Unser Unterbewusstsein verfügt über enorme Kräfte – doch wie gelingt es unserem inneren Arzt, auf den Körper einzuwirken und Krankheiten zu heilen? Vielen, insbesondere naturwissenschaftlich gebildeten Menschen fällt es schwer, an die Macht ihres Unterbewusstseins zu glauben. Das liegt jedoch keineswegs in der Natur der Sache: Nur die Gewohnheit lässt es vernünftiger erscheinen, mit Chemikalien in Form von Tabletten, Tinkturen und Pülverchen zu heilen, als das Unterbewusstsein mit der Heilung zu beauftragen. Die Mechanismen, über die das Unterbewusstsein seine Wirkung entfaltet, sind nur äußerst kompliziert und werden erst allmählich von der Wissenschaft aufgeklärt.

Einflussnahme über das Nervensystem

Doch bereits zu Coués Lebzeiten gab es namhafte Wissenschaftler, die versuchten, die Wirkung des Unterbewusstseins auf den Körper zu erklären. So schrieb beispielsweise Dr. Paul Joire, der Präsident der Société universelle d'Etudes psychiques: »Früher nahm man an, daß die Hypnose nur bei nervösen Erkrankungen anwendbar sei, doch ihr Anwendungsbereich ist viel umfassender. Freilich übt die Hypnose ihre Wirkung lediglich durch das Nervensystem aus, doch dies kontrolliert ja den gesamten Organismus. Nerven lösen die Muskelbewegung aus, Nerven regeln den Blutkreislauf, indem sie auf die Herztätigkeit und die Verengung oder Erwei-

Die Angst vor Krankheiten und die ständige Selbstbeobachtung kann auf Dauer zur Entstehung von Beschwerden führen. Genauso trägt aber das unverbrüchliche Vertrauen in die eigenen Widerstandskräfte zu einer guten Gesundheit bei.

terung der Gefäße einwirken. Es stehen also alle Organe unter dem Einfluß des Nervensystems, und über dieses kann man alle erkrankten Teile des Organismus beeinflussen.« Dr. Joire bezieht sich hier zwar auf die Hypnose, doch es ist ja bekannt, dass die Hypnose letztendlich auch auf der Autosuggestion beruht. Auch ist die Forschung heute natürlich weiter; man weiß, dass das Unterbewusstsein nicht nur über das Nervensystem wirkt, sondern vor allem über Hormone, Neurotransmitter und andere körpereigene Botenstoffe. Das Wichtigste aber bleibt: Die Zentrale, die über den Körper herrscht, ist unser Gehirn, unser Geist.

Organe reagieren auf das Unterbewusstsein

Es sind also unsere Gedanken, unsere Gefühle und unsere Vorstellungen, die uns heilen können. Wenn sie auf Heilung ausgerichtet sind, wird auch Heilung eintreten. Coué formulierte es so: »Da das Unterbewußte durch das Gehirn alle Funktionen unserer Organe maßgeblich beeinflußt, ergibt sich eine zunächst äußerst paradox anmutende Tatsache: Unser Unterbewußtes muß lediglich glauben, das eine oder andere Organ funktioniere gut oder unzureichend ... so funktioniert das betreffende Organ tatsächlich gut oder unzureichend.« Wenn man die Wirkungsweise des Unterbewusstseins verstanden hat, versteht man auch die unerklärlichen Heilungen, denen die konservative Medizin ratlos und trotz klarer, eindeutiger Beweise oft skeptisch gegenübersteht.

> **Wie schädlich negative Gedanken wirken, drückt ein chinesisches Sprichwort aus: »Dass die Vögel der Sorge und des Kummers über deinem Haupt fliegen, kannst du nicht ändern. Aber dass sie Nester in deinem Haar bauen, das kannst du verhindern.«**

Die Heilkraft des Geistes

Coué erklärte den erstaunlichen Einfluss des Unterbewusstseins auf Krankheiten so: »Geben wir der Stärke der körperlichen Krankheit die Größe 1, so kann die Stärke der seelischen Krankheit die Größe 1, 2 oder gar 10, 20, 50, 100 und noch mehr sein. In vielen Fällen kann die seelische Krankheit durch Suggestion unmittelbar zum Verschwinden gebracht werden – und wenn ihre Größe sehr bedeutend ist, beispielsweise 100, so bleibt also nur ein Hundertstel vom Gesamtleiden übrig.«

Die Psyche ist immer beteiligt

Schon Coué hatte erkannt, dass praktisch jede körperliche Krankheit auch eine seelische Komponente hat: »Jegliche Krankheit (wenn sie nicht ausschließlich im Seelischen ihre Ursache hat) ist zwiefacher Natur: Zu jeder körperlichen Krankheit gesellt sich nämlich zusätzlich eine seelische.« Das ist für das Verständnis der Heilung durch Autosuggestion äußerst wichtig. Die psychische Komponente der Krankheit kann nämlich durch Autosuggestion unmittelbar, ohne den Umweg über neurologische, hormonelle oder physiologische Regelmechanismen, aufgelöst werden – und wenn die psychische Komponente überwiegt, tritt oft unmittelbar die Heilung ein. Das ist die Erklärung für die erstaunlichen Berichte von Heilungen, bei denen selbst Schwerkranke von einem Moment auf den anderen gesund wurden – die so genannten Wunderheilungen.

Autosuggestion und Schulmedizin

Einige Vertreter alternativer Heilmethoden wenden sich gegen die herkömmliche Medizin. Manche ihrer Argumente treffen sicherlich zu. So ist tatsächlich kaum zu erwarten, dass das Beseitigen von Symptomen mit Medikamenten die Krankheit an ihren Wurzeln packt – zu erwarten sind dagegen oft Nebenwirkungen der Medikamente, die mitunter beinahe so schlimm sind wie die ursprüngliche Krankheit.

Doch auch wenn diese Argumente zutreffen, so rechtfertigen sie es nicht, die Schulmedizin in Bausch und Bogen zu verdammen. Eigentlich sollte einem ja schon der gesunde Menschenverstand sagen, dass Generationen von motivierten Forschern, die sich um die Gesundheit des Menschen bemühten, nicht vollkommen falsch liegen können. Der Vorwurf, der der Schulmedizin heute tatsächlich gemacht werden kann, ist, dass sie oft zu wenig auf den Menschen als geistiges Wesen eingeht, und dass sie teilweise recht intolerant gegenüber neuen Ideen und Erkenntnissen ist. Doch genau genommen betrifft das ja nicht die Schulmedizin als solche, sondern lediglich einen Teil ihrer Anhänger.

Coué stellte fest: »Die Methode der Wunderheiler ist stets auf Autosuggestion zurückzuführen – der Hokuspokus mit Worten, Beschwörungen, Gebärden und erstaunlichen Effekten bewirkt nur, daß beim Kranken heilsame Autosuggestionen ausgelöst werden.«

Im Idealfall eine gegenseitige Ergänzung

Das war wohl schon zu Coués Zeiten so, denn auch er wurde von Seiten der konservativen Mediziner oft angegriffen. Dabei wandte sich Coué ausdrücklich nicht gegen die Schulmedizin und die Ärzte, sondern betonte immer wieder, dass sich Medizin und Autosuggestion unter gewissen Voraussetzungen hervorragend ergänzen.

»Ärzte oder Apotheker-Kollegen sollten keinen Gegner in mir sehen, sondern vielmehr ihren besten Freund ... Ich wünschte nur, man möge Theorie und Praxis der Suggestion mit in die Studienpläne der medizinischen Fakultät aufnehmen – zum Wohle der Kranken wie auch der Ärzte.«

Coué versuchte auch, den Ärzten ihre Vorbehalte gegen die Methode der bewussten Autosuggestion zu nehmen, indem er den Medizinern deutlich machte, dass sie selbst von einem fundierteren Wissen über die Autosuggestion profitieren würden: »Der Ärztestand wird den größten Nutzen davon haben, denn er wird damit über eine zusätzliche Waffe im Kampf gegen die Krankheit verfügen.«

Glücklicherweise verstehen sich heute nur noch wenig Ärzte als »Götter in Weiß«, sondern bemühen sich, einfühlsam auf ihre Patienten einzugehen. Angesichts des herrschenden Zeitdrucks sollte man dennoch nicht allzu viel Zuwendung erwarten.

Auch der Arzt kann suggestiv wirken

Wie wichtig das Wissen über Autosuggestion für Ärzte und ihre Patienten ist, wird besonders deutlich, wenn man sich einmal klar macht, was geschieht, wenn ein Arzt negative Autosuggestionen im Patienten hervorruft. Coué wies deutlich darauf hin, als er sagte: »Gesetzt den Fall, ein Arzt, der ja schon durch seinen Beruf auf den Kranken suggestiv einwirkt, teile seinem Patienten mit, leider könne er ihm nicht helfen, die Krankheit sei unheilbar, so wird dieser Arzt bei diesem Kranken höchstwahrscheinlich eine äußerst verhängnisvolle Autosuggestion auslösen.«

So gesehen kann der Besuch beim Arzt tatsächlich krank machen. Glücklicherweise funktioniert dies aber auch in der anderen Richtung: »Sagt der Arzt seinem Patienten hingegen, sein Zustand sei durchaus ernst, doch mit der rechten Behandlung werde er im Laufe der Zeit geheilt werden ... so wird er allein schon durch diese Art der Formulierung seiner Diagnose mitunter, ja sogar oft, überraschenden Erfolg bei der Heilung haben.«

Der symbolische Wert von Medikamenten

Coué wandte sich nicht einmal gegen die – aus medizinischer Sicht oft unnötigen – Verschreibungen, sondern zeigte, wie das Verschreiben von Medikamenten, das von vielen Patienten ja geradezu erwartet wird, eine Hilfe für das Auslösen positiver, heilsamer Autosuggestionen werden kann: »Ich will keineswegs sagen, daß man, wenn man die Autosuggestion, die ich empfehle, ausübt, die vom Arzt verschriebenen Medikamente absetzen oder eine Behandlung abbrechen soll. Meiner Meinung nach sind Medikamente unabhängig von ihrem therapeutischen Nutzen ein wertvolles Hilfsmittel für die Suggestion.«

Coué war sogar ausdrücklich dafür, dass der Arzt seinen Patienten stets ein Medikament verschreibe – und er gab eine klare Anleitung, wie das am besten zu geschehen habe: »Der Arzt sollte jedem Patienten, der ihn aufsucht, ein oder mehrere Medikamente verschreiben, auch wenn er diese eigentlich nicht braucht. … Ich halte es für angezeigt, daß der Arzt immer etwas verschreibe … individuelle Rezepte, zu denen der Kranke noch mehr Vertrauen hat, als zu den mit wohlklingenden Namen versehenen Pillen und Pülverchen, die er ohne weiteres in jeder Apotheke bekommt.«

Coué regte die Ärzte dazu an, nicht nur individuell zusammengestellte Rezepturen zu verschreiben, sondern den Patienten auch ausführlich ihre Anwendung zu erläutern. Auf diese Weise könne die heilende Wirkung noch verstärkt werden.

Schon das Verschreiben eines Medikaments hat bei vielen Patienten einen heilsamen Effekt: Sie stellen sich die Linderung ihrer Beschwerden derart plastisch vor, dass der Körper tatsächlich einen Heilungsprozess einleitet.

Heilsame Täuschungen

Sicher werden einige Menschen einwenden, dass dieser Vorschlag moralisch nicht einwandfrei sei, da die Patienten schließlich, wenn auch in bester Absicht, getäuscht würden. Die Realität ist jedoch, damals wie heute, dass viele Patienten vom Arzt ein Rezept erwarten – erhalten sie keines, fühlen sie sich unverstanden und wechseln den Arzt. Wenn der Arzt die Wahl zwischen abstrakten Moralvorstellungen und dem konkreten Wohl des Patienten hat, kann sich der Patient natürlich nur Letzteres wünschen. Jedenfalls sind Autosuggestion und Medizin in keiner Weise Gegensätze, sondern unterstützen einander – oder wie Coué sagte: »Statt Autosuggestion und Medizin als Feinde zu betrachten – was leider nur allzu häufig der Fall ist –, sollten wir sie ganz im Gegenteil als gute Freunde ansehen, die sich keineswegs ausschließen, sondern sich vielmehr die Hände reichen und ergänzen sollten.«

> Viele Supermärkte bieten heute in einer »Gesundheitsecke« natürliche Präparate gegen alle möglichen Beschwerden an. Häufig beruht deren Effekt in erster Linie auf dem festen Glauben an ihre Wirksamkeit – was den Wert der Mittel nicht unbedingt schmälert.

Erste Hilfe durch Autosuggestion

Nach diesem Exkurs wird es nun wieder ganz praktisch. Im nächsten Kapitel erfahren Sie, wie Sie sich durch Autosuggestion und verwandte Methoden bei bestimmten Leiden selbst helfen können. Doch zuvor wird Ihnen Coués »Schnellbehandlung« vorgestellt, die Sie immer dann einsetzen können, wenn Sie irgendein körperliches oder seelisches Leiden verspüren. Insbesondere bei plötzlich auftauchenden Schmerzen wirkt diese Methode – die wiederum so unglaublich einfach ist, dass man ihre Wirksamkeit bezweifeln möchte, bis man sie ausprobiert hat.

Schmerzen rasch lindern

● Sobald der Schmerz auftritt, schließen Sie die Augen und sagen sich mit absoluter Bestimmtheit, dass Sie dieses Leiden nicht noch durch negative Autosuggestionen weiter verstärken, sondern es nun durch die geeigneten Formulierungen aufheben werden.

- Wichtig ist dabei, dass Sie sich nicht sagen »Ich will …«, sondern: »Ich werde …« – am besten, Sie sagen es laut und legen all Ihre Überzeugung in Ihre Aussage hinein: »Ich werde jetzt alle negativen Vorstellungen aufgeben und werden den Schmerz beseitigen!«
- Legen Sie Ihre Hand nun auf die schmerzende Stelle (bei einem seelischen Leiden entweder, wie Coué empfiehlt, auf die Stirn, oder aber auf die Brust über das Herz), und sprechen Sie, so schnell Sie können: »Es vergeht, es vergeht …«

Auf die richtige Technik kommt es an

Es gibt einen guten Grund dafür, dass sie diese Formel schnell sprechen sollten: Damit ist nämlich gewährleistet, dass Sie sie monoton »herunterleiern«, so dass für Ihr Bewusstsein jede Bedeutung dieser Selbstansprache schwindet. Andererseits hält das Aussprechen der Formel Ihr Bewusstsein davon ab, sich mit anderen Dingen zu befassen und gedanklich abzuschweifen. Auf diese Art und Weise gelangt die Formel am besten in Ihr Unterbewusstsein, das dann alles daran setzen wird, diese Aussage Wirklichkeit werden zu lassen.

Regelmäßige Übung verstärkt die Wirkung

Coué, der diese Formel seinen Zuhörern empfahl, konnte nach langjährigen positiven Erfahrungen glaubhaft versichern: »Mit etwas Übung wird der seelische oder körperliche Schmerz in 20 bis 25 Sekunden zum Schwinden gebracht.« Tatsächlich wird mit ein wenig Übung die Zeit, bis die Linderung der Schmerzen eintritt, immer kürzer, da positive Assoziationen aufgebaut werden.

Wenn Sie die Formel das erste Mal anwenden – vielleicht ungläubig und mit negativen Assoziationen –, dauert es ein wenig länger. Doch spätestens nach zwei bis drei Minuten werden die Schmerzen verschwunden sein. Probieren Sie es doch einfach aus! Es kostet Sie nur wenige Minuten Ihrer Zeit, aber Sie werden die Erfahrung machen, dass Ihnen Schmerzen und vielleicht auch so manche Tablette erspart bleiben.

Häufig haben gerade Kopf- oder Magenschmerzen eine ausgeprägte psychische Komponente und lassen sich daher durch Autosuggestion lindern. Der schnelle Griff zur Tablette kann dagegen das Übel sogar noch verschlimmern.

Durch Suggestion Beschwerden lindern

Durch Suggestionen können körperliche Vorgänge positiv beeinflusst und die Selbstheilungskräfte aktiviert werden.

Wenn Sie selbst Suggestivformeln gegen bestimmte Beschwerden formulieren, müssen diese für das Unterbewusstsein klar verständlich sein: Verwenden Sie keine zu ausführlichen Präzisierungen und keine Negationen.

Coué empfahl für jedes Leiden, vorbeugend und zur Heilung, seine Universalformel: »Mit jedem Tag geht es mir in jeder Hinsicht immer besser und besser!« Er war der Ansicht, dass es nicht unbedingt weiterer Autosuggestionen bedürfe – allerdings gab er bei seinen Sitzungen von Fall zu Fall auch konkretere Suggestionen.

Das hatte durchaus seine Berechtigung: Wenn nämlich die falschen Autosuggestionen gegeben werden, ist der Nutzen gering. Coué empfahl daher: »[Das Unterbewusstsein] wird erst dann von sich aus tätig, wenn Sie es von ihm verlangen: ... indem Sie ihm einen allgemeinen Auftrag erteilen, den es im Rahmen des Möglichen ausführen soll. Dann können Sie auf Ihr Unterbewußtsein vertrauen: Es wird alle Schäden an Seele und Körper beheben, die überhaupt behoben werden können, während Sie meist selbst oft gar nicht wissen, welche Organe betroffen sind.«

Gezielt Einfluss nehmen

Coués Rat gilt auch heute noch, zumindest insofern, als immer die Universalformel die Grundlage jeder autosuggestiven Behandlung sein sollte. Sie bildet die Basis, die garantiert, dass das Unterbewusste – selbst wenn eine zusätzliche spezifische Autosuggestion am Kern des Leidens vorbeigeht – heilsam und regenerierend wirkt.

Heute hat jedoch selbst der Laie einigermaßen realistische Vorstellungen von seinem Organismus – er glaubt nicht mehr, dass bei »Hysterie« die Gebärmutter im Körper umherwandert, oder dass sich bei Migräne das Gehirn zusammenzieht. Somit sind spezifischere Autosuggestionen heute durchaus sinnvoll. Überdies haben sich die Fortentwicklungen der

Autosuggestion, insbesondere die Imaginationstechniken, als außerordentlich effektiv erwiesen. Coué fand heraus, dass die Vorstellung dem Willen weit überlegen ist – heute weiß man darüber hinaus, dass bildhafte Vorstellungen noch stärker wirken als verbale Vorstellungen. Im Folgenden werden Ihnen daher zusätzlich zu spezifischen verbalen Autosuggestionen auch innere Bilder vorgeschlagen, die Sie einsetzen können, um Ihre Beschwerden zu überwinden.

Den Willen zurückstellen

Wichtig ist bei allem, was Sie tun – und das gilt nicht nur für die Autosuggestion –, dass Sie nicht wollen, sondern handeln. Es ist gleichgültig, ob Sie wollen, solange Sie es nur tun! Sobald Sie jedoch den Willen in den Vordergrund stellen, werden Sie Schwierigkeiten bekommen. Viele Menschen glauben, in Gedanken sei alles leicht, und schwer werde es erst beim Handeln – doch das genaue Gegenteil ist der Fall: Probleme und Widerstände tauchen immer in Gedanken auf und viel weniger beim Handeln selbst. Beim Handeln ist die Konzentration auf das zu Erfüllende gerichtet und bewirkt Erfüllung. Beim Denken hingegen ist alles auf das nur Mögliche ausgerichtet – was ja immer beinhaltet, dass es möglicherweise auch nicht eintritt. Das Wollen und Denken gibt Ihnen Orientierung, aber nur das Vorstellen und Handeln bringt etwas in Bewegung.

Tipps für die Praxis

● Beherzigen Sie Coués Ausspruch: »Die Worte: ›Ich will zwar …‹ führen stets zu dem Nachsatz: ›… doch ich kann nicht.‹ «
● Ersetzen Sie die Worte »Ich will …« immer durch »Ich werde …« – und nichts wird Sie aufhalten können!
● Alle Autosuggestionen sind wie die Universalformel anzuwenden: Sprechen Sie so laut, dass Sie sich selbst hören können, in einem monotonen Tonfall, und wiederholen Sie die Formel mindestens 20-mal.
● Alle Visualisierungen sollten zweimal täglich mindestens zehn Minuten lang geübt werden.

Ein medizinischer Laie hatte Anfang des 20. Jahrhunderts nur sehr unzureichende Kenntnisse von den Vorgängen in seinem Körper und konnte daher in der Regel keine effektiven spezifischen Autosuggestionen aufbauen.

Alterserscheinungen

Obwohl gewisse Abbauvorgänge im Organismus unaufhaltsam sind, gibt es im Grunde doch keine wirklichen Alterskrankheiten. So genannte Alterskrankheiten wie Arteriosklerose, Herzschwäche oder Diabetes mellitus können beispielsweise auch schon in der Kindheit auftreten.

Daher ist auch die Annahme, Altwerden würde automatisch mit Krankwerden zusammenhängen, durchaus nicht zutreffend. Bei gesunder Lebensweise, guter, ausgewogener Ernährung, regelmäßiger Bewegung und psychischer Ausgeglichenheit kann der menschliche Körper auch in sehr hohem Alter noch leistungsfähig, flexibel und gesund sein.

So hilft Autosuggestion

Sie sind so alt, wie Sie sich fühlen – also fühlen Sie sich doch einfach jung! Überzeugen Sie Ihr Unterbewusstsein von Ihrer Jugendlichkeit, indem Sie sich jeden Tag mehrere Male die entsprechende Autosuggestion geben.

Altern findet hauptsächlich im Kopf statt. Deshalb können Sie dem Alterungsprozess auch mit geistigen Mitteln ein Schnippchen schlagen. Wer geistig beweglich bleibt, altert langsamer und wird älter an Jahren – das ist mittlerweile eine wissenschaftlich belegte Tatsache. Mit Autosuggestionen und Visualisierungen können Sie um Jahre jünger wirken.

Autosuggestionsformeln

- »Ich bin [hier setzen Sie Ihr Lieblingsalter ein] Jahre alt, und ich fühle mich hervorragend!«

Natürlich müssen Sie das Gefühl der Jugendlichkeit nicht unbedingt an einem bestimmten Alter festmachen. Auch die folgende Autosuggestion kann sinnvoll sein:

- »Ich bin in meinem besten Alter, voller Kraft und Freude!«

Visualisierungen

Visualisieren Sie, wie sich in Ihrem Körper Reparaturzellen auf den Weg machen, um Abnutzungserscheinungen zu beheben, Blutgefäße und Zellen zu reinigen und die Energieversorgung zu optimieren. Je bildlicher Sie sich diese Vorstellung vor Augen führen, desto besser – Sie sollten die Arbeit der Reparaturzellen unmittelbar spüren können.

Atemwegserkrankungen

Die Tätigkeit unserer Lunge ist essenziell – wenn das Atmen schwer fällt, fühlen wir uns bedroht, denn der Atem ist das Leben. Der Sauerstoff, den wir über die Atemluft mit unserer Lunge aufnehmen, versorgt alle unsere Organe mit der Energie, die sie benötigen, um richtig zu funktionieren. Jedes Organ braucht Sauerstoff. Und zwar ununterbrochen und in großen Mengen. Die Oberfläche der Lungenbläschen in der Lunge, an der der Sauerstoff ins Blut übergeht, ist deshalb auch riesengroß – sie hat in etwa die Ausmaße eines Tennisplatzes. Beschwerden des Atemapparats können die unterschiedlichsten Ursachen haben: Die Atemwege sind entzündet, und das Atmen schmerzt und löst einen Hustenreiz aus (z. B. bei Bronchitis); Krankheitserreger haben die Lunge angegriffen, und es wird übermäßig Schleim abgesondert, der das Atmen erschwert; oder die Lungenbläschen sind überdehnt und können nicht mehr richtig entspannen und frischen Sauerstoff aufnehmen (z. B. beim Emphysem).

So hilft Autosuggestion

Da alle Probleme mit der Atmung in der Regel mit Angst verbunden sind, ist eine Unterstützung der medizinischen Behandlung durch bewusste positive Autosuggestionen besonders hilfreich und sinnvoll.

Autosuggestionsformeln

- »Ich atme mit jedem Atemzug freier und freier!«
- »Mein Atem geht ganz entspannt und frei!«
- »Mein Atem geht mühelos, ganz von selbst, wie angenehm und frisch!«

Visualisierungen

Die Visualisierungen können Sie noch etwas spezifischer einsetzen als die Autosuggestionen, je nachdem, ob ein Hustenreiz gelindert, Krankheitserreger bekämpft, Schleim abtransportiert oder die asthmatische, aufgeblähte Lunge entspannt werden soll – aber Sie können genauso gut auch eine allgemein gehaltene Visualisierung aufbauen.

Gerade bei asthmatischen Beschwerden haben sich bewusste Autosuggestionen als besonders wirkungsvoll erwiesen. Um die bei einem akuten Asthmaanfall auftretende Erstickungsangst zu lindern, bedarf es allerdings regelmäßiger Übung.

Visualisieren Sie, wie Sie mit jedem Ausatmen Gifte, negative Energien und das Atmen behindernde Dämpfe ausstoßen – und wie Sie mit jedem Einatmen reine, heilende, warme, befreiende Energie aufnehmen, die sich in Ihrer Lunge verteilt und das Lungengewebe heilt, beruhigt und von schädlichen Keimen und Substanzen befreit.

Augenbeschwerden

Die Augen sind die wichtigste Schaltstelle zwischen Innen- und Außenwelt. Mit den Augen erkennen wir, wo wir uns befinden, wer uns gegenübersteht, wie wir selbst relativ zur Umwelt stehen. Bei Augenproblemen ist die Sicht behindert; der Blick auf die Realität ist nicht nur im wörtlichen, sondern auch im symbolischen Sinne getrübt. Darüber hinaus ist das Sehen ja nur zum Teil von den Augen abhängig: Die Wahrnehmung findet im Gehirn statt, das die Nervenimpulse, die von den Sehzellen an die Netzhaut weitergegeben werden, erst interpretieren muss.

Mit den Augen nehmen wir aber nicht nur; wir geben auch. Die Augen sind der »Spiegel der Seele« und zeigen den Mitmenschen zumindest einen kleinen Teil unseres Inneren. Daher können Augenprobleme auch auf Kommunikationsschwierigkeiten hinweisen.

Autosuggestion kann die Brille nicht ersetzen. Es ist ein Aberglaube, dass sich durch das Tragen einer Brille die Sehkraft weiter verschlechtert. Dagegen kann eine unkorrigierte Sehschwäche zu Kopfschmerzen und Schwindelanfällen führen.

So hilft Autosuggestion

Ein gewisser Anteil jeder Fehlsichtigkeit ist psychisch bedingt. Hier sind Autosuggestionen und Visualisierungen natürlich besonders schnell und effektiv wirksam. Eine Verbesserung der Sehfähigkeit ist aber, unabhängig von der zugrunde liegenden Ursache, praktisch immer möglich – manchmal sogar so weit, dass die Brille unnötig wird.

Autosuggestionsformeln

- »Meine Augen sind entspannt und anpassungsfähig – von Tag zu Tag sehe ich besser und besser!«
- »Jeder Lichtstrahl, der auf mein Auge trifft, stärkt meine Sehkraft!«

Visualisierungen

Bei vielen Augenproblemen wirkt die Vorstellung von Wärme und Licht heilsam. Legen Sie die Handflächen sanft auf die geschlossenen Augen, und versuchen Sie, klare, warme und leuchtende Farben zu visualisieren. Für die Verbesserung der Sehkraft bei Kurz- oder Weitsichtigkeit hat sich das Visualisieren von Dehnungen und Streckungen des Augapfels als sinnvoll erwiesen. Stellen Sie sich dazu vor, an verschiedenen Stellen Ihres Augapfels seien Bänder befestigt – visualisieren Sie nun, wie Sie abwechselnd an jeweils zwei gegenüberliegenden Bändern ziehen und so Ihren Augapfel dehnen. Führen Sie die Übung sowohl mit geschlossenen als auch mit geöffneten Augen durch.

Bewegungseinschränkungen

»Ich kann Ihnen versichern, daß von 100 Menschen, die nicht die Bewegungen ausführen können, die sie wollen, mindestens 80 dies nur deshalb nicht können, weil sie glauben, sie könnten es nicht. Dieser Zustand wird ihr Leben lang anhalten, außer sie begegnen auf ihrem Wege jemandem, der sie lehrt: ›Ich kann.‹ «

Die Entdeckung Coués, dass gerade die Bewegungsfähigkeit in starkem Maß von unserer Vorstellung abhängt, wurde von dem israelischen Physiker und Neurophysiologen M. Feldenkrais (1904–1984) aufgegriffen und wissenschaftlich geklärt. Feldenkrais fand heraus, dass sich Bewegungsvorstellungen direkt auf einen bestimmten Bereich des Gehirns, das so genannte motorische Feld, auswirken. Er entwickelte eine Methode, die »Funktionale Integration«, die weltbekannt wurde und heute von Feldenkrais-Instituten gelehrt wird. Dabei geht es um die Verbesserung der Bewegungsfähigkeit durch die richtige Vorstellung der Bewegung; sie dient der Verbesserung der Feinmotorik und des Bewegungsspielraums. Coué setzte Suggestionen ein, um Bewegung überhaupt erst wieder zu ermöglichen. Gichtanfälle, Arthritis, Verletzungen usw. lösen erstmals eine Bewegungsbehinderung aus – Ängste, Schmerzen und negative Autosuggestionen festigen die Behinderung dann immer weiter.

Bei Patienten mit starker Bewegungseinschränkung erzielte Coué seine spektakulärsten Heilerfolge. Tatsächlich kann Autosuggestion von dem »unbeweglichen« Selbstbild befreien und Mut machen, die Einschränkung nicht einfach hinzunehmen.

63

So hilft Autosuggestion

Mit bewussten positiven Autosuggestionen können die meisten Bewegungseinschränkungen (ausgenommen sind vollständige Durchtrennungen von Nerven oder mechanische Gelenkversteifungen) reduziert oder sogar aufgehoben werden.

Autosuggestionsformeln

- »Ich kann mein(en) [hier setzen Sie den Körperteil ein, den Sie behandeln wollen] immer freier bewegen!«
- »Ich kann mich mit jedem Tag in jeder Hinsicht immer besser und besser bewegen!«

Visualisierungen

Wenn die Bewegungseinschränkung in einem Gelenk liegt, visualisieren Sie, wie Sie mit jedem Atemzug heilende, warme Energie in das Gelenk schicken, die abgenutzte Gelenkflächen glättet und das Gelenk schmiert – stellen Sie sich dann vor, wie Sie beim Ausatmen den »abgeschmirgelten Gelenkrost« aus dem Gelenk abtransportieren.

Bei Einschränkungen der Bewegung, die von den Muskeln herrühren, hat sich die folgende Visualisierung bewährt: Stellen Sie sich vor, dass die Bewegung, die Ihnen schwer fällt, zusätzlich durch ein starkes Gummiband behindert wird. Versuchen Sie, den Zug des Gummibands zu überwinden. Wenn Sie Ihren Bewegungsspielraum ausgeschöpft haben, stellen Sie sich vor, dass das Gummiband gelöst wird – und Sie werden erstaunt feststellen, dass sich Ihr Bewegungsspielraum vergrößert.

Erschöpfungszustände

Erschöpfung ist keine Krankheit, sondern ein Symptom, das die unterschiedlichsten Ursachen haben kann: Vitaminmangel, Entzündungsherde, stumm verlaufende Infektionen, Stress u. v. a. Sie kann mit Stimmungsschwankungen und Depressionen einhergehen.

Zusätzlich zur bewussten Autosuggestion empfehlen sich bei Bewegungseinschränkungen krankengymnastische Übungen, die man zunächst unter der Anleitung von geschulten Fachkräften und später dann selbstständig daheim ausführen sollte.

So hilft Autosuggestion

Während mit Aufputschmitteln nur das Symptom Erschöpfung unter- drückt wird, können Sie mit bewusster Autosuggestion viel mehr errei- chen. Das Unterbewusstsein wird mit allen Mitteln versuchen, die Er- schöpfung zu beseitigen – und dabei auch die Ursachen beheben.

Autosuggestionen

● »Ich bin hellwach und aktiv!«

Auch eine paradoxe Autosuggestion kann sinnvoll sein:

● »Ich will müde sein – stattdessen könnte ich Bäume ausreißen!«

Visualisierungen

Gerade auch bei Müdigkeit und Erschöpfungszuständen ist der Atem ein hervorragendes Hilfsmittel für Visualisierungen. Stellen Sie sich vor, wie Sie mit jedem Atemzug eine helle, strahlend gelbe Energie aufnehmen und in Ihrem Körper verteilen. Beim Ausatmen visualisieren Sie die Erschöpfung als eine graubraune Energie, die Sie ausstoßen, und spüren dabei, wie Sie immer wacher werden.

Erschöpfungszustände sind häufig die Folge von lang anhaltenden Stress- phasen. Bewusste Auto- suggestionen helfen Ihnen dabei, aktiv und voller Tatkraft zu blei- ben, auch wenn sehr viele Anforderungen von außen an Ihnen zerren.

In stressigen Phasen helfen Suggestionen dabei, nicht mehr alles so dicht an sich heranzulassen. Sie schaffen einen inneren Ruheraum, in den man sich bei Bedarf zurückziehen kann.

Hauterkrankungen

Die Haut ist unser größtes Organ; sie macht etwa zwölf Prozent des Körpergewichts aus und hat eine Oberfläche von bis zu zwei Quadratmetern. Sie hat zahlreiche Aufgaben: Sie schützt uns vor schädlichen Einflüssen aus der Umwelt, reguliert den Wärmehaushalt, absorbiert Strahlung, ist am Stoffwechsel beteiligt, speichert Fett, Wasser und Vitamine, vermittelt uns Sinneseindrücke wie Berührung, Temperatur oder Schmerz – und natürlich atmet die Haut auch.

Die Haut ist unsere äußere Visitenkarte. Ungepflegte oder kranke Haut kann auf andere abstoßend wirken und das psychische Befinden des Betroffenen stark beeinträchtigen. Schließlich ist die Haut auch der Spiegel der Seele: Wir erröten aus Scham, erblassen vor Schreck, und auf manche psychische Belastungen reagieren wir sogar mit Hautausschlägen.

> »Mit 40 Jahren hat man das Gesicht, das man verdient«, sagt der Volksmund und hat damit nicht unrecht. Die Mimikfältchen verleihen einem Menschen persönlichen Ausdruck und spiegeln seine prägenden Erfahrungen und seine Lebenseinstellung wider.

So hilft Autosuggestion

Psychosomatisch gesehen, ist die Haut die Grenze des Körpers. Hautprobleme haben also auf seelischer Ebene meist etwas mit dem Problem der Abgrenzung gegenüber der Umwelt zu tun. Diese Tatsache sollte berücksichtigt werden, um an die Wurzeln der Probleme zu gelangen.

Autosuggestionsformeln
- »Meine Haut wird von Tag zu Tag straffer, weicher und schöner!«
- »Die Luft reinigt und glättet meine Haut immer mehr!«

Visualisierungen
Visualisieren Sie ein warmes, orangefarbenes Licht, dem Sie mit dem Einatmen Energie zuführen und es dadurch zu einem leuchtenden Ball konzentrieren. Beim Ausatmen schicken Sie diesen Lichtball durch Ihren Körper bis zu den betroffenen Hautpartien, lassen ihn dort an die Oberfläche treten und die Haut regenerieren und straffen. Mit einem weiteren Ausatmen stoßen Sie den Lichtball mitsamt allen schädlichen Energien, die er Ihrer Haut entzogen hat, von Ihrem Körper ab.

Herz-Kreislauf-Störungen

Das Herz ist der Motor unseres Organismus. Ohne die ständige Aktivität unserer »Energiepumpe« können wir nicht leben. Das Blut, das das Herz durch den Organismus pumpt, ist nämlich nicht nur Träger der Nährstoffe, die die Körperzellen benötigen, sondern es transportiert auch den lebensnotwendigen Sauerstoff.

Doch die beste Pumpe hilft nicht viel, wenn das Leitungssystem defekt ist. Dieses Leitungssystem bilden in unserem Organismus die Blutgefäße, die Venen und Arterien. Sind die Gefäße durch Ablagerungen verengt und starr geworden, kann das System seine Aufgaben nicht mehr optimal wahrnehmen und es treten Symptome auf – im Extremfall Herzinfarkt und Schlaganfall. Eine fette, fleischreiche Ernährung, Rauchen, Stress und Bewegungsarmut begünstigen Herz-Kreislauf-Erkrankungen. Dementsprechend können Sie durch eine vernünftige Ernährungsweise, den Verzicht auf das Rauchen und ein wenig Bewegung gut vorbeugen.

So hilft Autosuggestion

Ein weiteres hervorragendes Mittel zur Vorbeugung, aber auch zur Linderung bestehender Schäden sind Autosuggestionen und vor allem Visualisierungen. Autosuggestionen eignen sich vor allem bei Problemen, die direkt mit dem Herz zusammenhängen, wie z. B. leichten Herzrhythmusstörungen, funktionellen Herzbeschwerden u. Ä. Natürlich sollten Sie bei Herzproblemen stets einen Arzt konsultieren und bei akuten Beschwerden ohne Verzögerung den Notarzt rufen.

Das Blutgefäßsystem ist zu komplex, um es in einer Autosuggestionsformel ansprechen zu können. Demgegenüber sind Visualisierungen hervorragend geeignet, um die Aufmerksamkeit des Unterbewusstseins auf die Gefäße zu lenken und sie zu regenerieren.

Autosuggestionsformeln
- »Mein Herz schlägt ruhig und kraftvoll!«
- »Mit jedem Schlag wird mein Herz kräftiger und jünger!«

Herzrhythmusstörungen können sich auf ganz unterschiedliche Weise bemerkbar machen. Sie sind häufig harmlos, wirken auf die Betroffenen aber sehr beängstigend. In jedem Fall muss die Art der Störung umgehend von einem Facharzt abgeklärt werden.

> ## Den Weg des Blutes verfolgen
>
> • **Die rechte Herzkammer pumpt das sauerstoffarme Blut in die Lunge, wo es frischen Sauerstoff aufnimmt.**
>
> • **Von der Lunge aus strömt das Blut in die linke Herzkammer, die es dann in den Körper pumpt.**
>
> • **Die großen Arterien verzweigen sich in kleinere Blutgefäße, und auch diese verästeln sich immer weiter, bis in die haarfeinen Kapillaren, die die Organe und das Gewebe versorgen.**
>
> • **Dort werden dem Blut Sauerstoff und Nährstoffe entzogen.**
>
> • **Das Blut sammelt sich in haarfeinen Venen, die sich zu immer größeren vereinen, bis es nach seinem Kreislauf durch den Körper schließlich wieder im Herz angelangt ist.**

Visualisierungen

Bei Gefäßproblemen ist diese Visualisierung besonders geeignet: Verfolgen Sie vor Ihrem inneren Auge den Verlauf des Blutstroms durch den Körper (siehe obiger Kasten). Während Sie den Weg des Blutes verfolgen, stellen Sie sich vor, wie mit dem Blut Reinigungs- und Reparaturzellen transportiert werden, die die Gefäße glätten und regenerieren. Hilfreich ist es, wenn Sie Ihre Vorstellung mit der Atmung koordinieren: Beim Einatmen lassen Sie die »Reinigungsmannschaften« anhalten und ihre Arbeit tun, während Sie ihnen neue Energie geben. Beim Ausatmen geht es dann im Gefäßsystem weiter voran.

Abwehrstärkende Präparate sind derzeit groß in Mode. Kein noch so exotisches oder traditionsreiches Mittel kann aber eine gesunde Ernährung, ausreichend Bewegung an der frischen Luft und ein ausgeglichenes Seelenleben ersetzen.

Immunschwäche

Krankheitserreger sind stets um uns und in uns. Dennoch sind und werden wir nicht ständig krank. Dass wir krank werden, weil wir uns bei anderen anstecken, ist zu einem großen Teil ein Mythos – ob wir krank werden oder nicht, hängt vielmehr vom Status unseres Immunsystems ab. Gelingt es Krankheitserregern, uns krank zu machen, so in der Regel nur deshalb, weil unsere innere Abwehr – unser Immunsystem – geschwächt war. Zur Vorbeugung gegen Infektionen muss also das Immunsystem gestärkt werden. Dazu gibt es eine Reihe von Möglichkeiten: Kneippgüsse, Lapachotee oder Sonnenhut (Echinacea).

So hilft Autosuggestion

Die beste – und auch preiswerteste – Möglichkeit, Infektionen vorzubeugen, sind bewusste Autosuggestionen und Visualisierungen. Das ist insbesondere deshalb so effektiv, weil das Immunsystem nicht nur durch Vitaminmangel und Stress, sondern vor allem auch durch unbewusste, negative Autosuggestionen geschwächt wird.

Autosuggestionsformeln
- »Ich bin rundum gesund – jede Krankheit prallt von mir ab!«
- »Krankheiten haben keine Chance – ich lache sie aus!«

Visualisierungen
Auch zur Stärkung des Immunsystems hat sich die Vorstellung von Licht bewährt. Schließen Sie die Augen, und visualisieren Sie nacheinander folgende Farben: Weiß – Grün – Blau – Rot – Gelb – Violett – Orange. Die weiße Energiekugel visualisieren Sie an Ihrem Scheitel, die grüne hinter Ihrer Stirn, die blaue im Kehlkopf, die rote im Herzen, die gelbe in der Magengrube, die violette im Unterbauch und die orange im Genitalbereich. Stellen Sie sich vor, dass die Lichtkugeln alle Krankheitserreger, Gifte und beschädigten Zellen auflösen und den Körper reinigen.

Wie stark der Mensch auf Farben anspricht, drückt sich auch in unserer Sprache aus: Sieht der Pessimist alles schwarz, so betrachtet ein sonniges Gemüt die Dinge durch die rosa Brille. Und wo der eine grün vor Neid wird, sieht der andere rot vor Zorn.

Krebserkrankungen

»Krebs« ist die volkstümliche Sammelbezeichnung für bösartige Tumorerkrankungen, bei denen Körperzellen, deren Erbmaterial durch chemische oder physikalische Einflüsse verändert wurde, ihre Funktion im Organismus verlieren, sich ungehemmt vermehren und dabei gesunde

Körperzellen verdrängen und »auffressen«. Konventionell werden Krebs-erkrankungen mit »harten« Methoden behandelt: Chirurgie, Chemo-therapie oder Bestrahlung. Alternative Heilmethoden konnten ihre Wirksamkeit bislang noch nie belegen, obwohl sie mitunter große Ver-sprechungen machen. Tatsache ist allerdings auch, dass es – wenn auch selten – selbst bei weit fortgeschrittenen Krebserkrankungen mitunter zu Spontanheilungen kommt. Die Ursachen und Bedingungen für diese wis-senschaftlich klar dokumentierten Beweise für die Selbstheilungskräfte des Organismus sind leider noch weitgehend unbekannt.

Auch die Schulmedizin hat die bewusste Autosuggestion inzwi-schen als therapieunter-stützende Maßnahme akzeptiert. So setzte der amerikanische Arzt Carl Simonton Visualisie-rungen erfolgreich in der Krebstherapie ein.

So hilft Autosuggestion

Nach allem, was über die Möglichkeiten des inneren Arztes und seine Anleitung durch bewusste Autosuggestionen und Visualisierungen be-kannt ist, erscheint es jedoch nahe liegend, dass psychische Methoden dazu beitragen können, selbst bei Krebserkrankungen Linderung, Besse-rung oder sogar Heilung herbeizuführen. Auf jeden Fall können sie eine konventionelle, notwendige Krebstherapie sinnvoll unterstützen.

Autosuggestionsformeln
- »Ich besiege jedes Übel!«
- »Von Tag zu Tag schwindet der Krebs immer mehr!«

Visualisierungen

Es empfiehlt sich, die gleiche Visualisierung wie bei der Stärkung des Immunsystems anzuwenden. Zusätzlich schicken Sie konzentriertes Licht der Farbe, die Sie als besonders heilsam empfinden, direkt zu der betroffenen Körperstelle. Bei Krebserkrankungen sollte der Einsatz von Visualisierungen zur Regel werden – natürlich zusätzlich zu einer medizi-nischen Behandlung. Die Visualisierungen bei Krebserkrankungen soll-ten ganz individuell sein – experimentieren Sie mit unterschiedlichen Möglichkeiten: mit heilsamem Licht, mit heilenden Strahlen, mit »Krebs-fresszellen«, mit mikroskopisch kleinen Maschinen, die den Krebs auf-lösen usw. Je überzeugender Ihre Vorstellung ist, desto besser.

Schlaflosigkeit

Es gibt unterschiedliche Formen von Schlafstörungen: Einschlafstörungen, Durchschlafstörungen, mangelnden Tiefschlaf und Alpträume. Die Ursachen sind noch weitaus vielfältiger. Ein gesunder Schlaf ist jedoch von größter Bedeutung – weniger wegen der körperlichen Regeneration, als vielmehr wegen der geistigen Arbeit, die im Schlaf geleistet wird. Zu keiner Zeit ist unser Unterbewusstsein nämlich so aktiv wie im Schlaf. Wenn Sie einmal nicht einschlafen können oder nachts wach liegen, sollten Sie sich nicht rast- und sinnlos im Bett herumwälzen, sondern lieber ein wenig lesen oder einen kleinen Spaziergang machen.

So hilft Autosuggestion

Eine der Hauptursachen für alle Schlafstörungen ist, wie auch Coué meinte, die Angst vor dem Nicht-einschlafen-Können und der Versuch, den Schlaf mit dem Willen erzwingen zu wollen – was unmittelbar zu Gegenreaktionen des Unterbewusstseins führt.
Oft reicht es sogar, die Willensanstrengung oder die Angst vor der Schlaflosigkeit aufzugeben, und der Schlaf kommt von selbst. Die meisten Schlafstörungen können Sie jedoch durch Autosuggestionen oder Visualisierungen in kürzester Zeit beheben.

Ältere Menschen leiden häufig darunter, dass sie in aller Frühe aufwachen und nicht mehr einschlafen können. Neben der Tatsache, dass sie weniger Schlaf brauchen, sind oft auch kleine Nickerchen zwischendurch dafür verantwortlich.

Formeln für gesunden Schlaf

Gerade »paradoxe« Autosuggestionen haben sich bei Schlafstörungen als besonders wirksam erwiesen:

● »Ich will nicht einschlafen – Ich will nicht einschlafen – …«
Erstaunlicherweise schlafen viele Menschen beim monotonen Wiederholen dieser paradoxen Autosuggestion schon nach wenigen Minuten ein. Natürlich können Sie je nach persönlicher Vorliebe auch eine direkte Autosuggestion anwenden:

● »Ich schlafe – ich schlafe …«

● »Ich werde mit jedem Atemzug immer müder und müder …«

Visualisierungen

Das Visualisieren hat bei Schlafstörungen Tradition – das berühmte Schäfchenzählen ist ja nichts anderes. Besser als Schäfchenzählen funktioniert allerdings die folgende Vorstellung: Stellen Sie sich vor, Sie stehen auf einem Berg. Langsam steigen Sie nun in die Tiefe – jeder Schritt bringt Sie weiter von der »Höhe des Bewusstseins« ins »Tal der Träume« hinab, und Sie schlafen schließlich ein.

Diese Vorstellung können Sie Ihren persönlichen Vorlieben gemäß abwandeln. Wenn das Hinabsteigen in die Tiefe bei Ihnen Ängste auslöst, machen Sie es einfach umgekehrt: Steigen Sie hinauf zu den Träumen. Wenn Sie keine Angst vor dem Fallen haben, setzen Sie sich auf einen Schlitten und sausen in Gedankenschnelle ins Tal der Träume.

Viele Spezialkliniken für chronische Schmerztherapie bauen die Behandlung heute ebenfalls auf Autosuggestionstechniken und verschiedenen Entspannungsmethoden auf. Auf diese Weise hoffen sie, den Einsatz schädlicher Medikamente um ein Wesentliches verringern zu können.

Schmerzen

Vielleicht haben Sie sich schon einmal gefragt, wozu Schmerzen überhaupt gut sind. Schmerzen haben durchaus einen biologischen Sinn – sie sind ein Warnsignal dafür, dass etwas nicht stimmt und entsprechende Maßnahmen ergriffen werden sollten. Ist die Warnfunktion erfüllt, sind Schmerzen allerdings nur noch lästig und unangenehm. Heute gibt es für jeden Schmerzgrad effektive Schmerzmittel.

So hilft Autosuggestion

Zu den effektivsten Schmerzmitteln gehören jedoch Autosuggestion und Visualisierung. Dass dem wirklich so ist, wird deutlich, wenn man sich klar macht, dass es keinen Schmerz als solchen gibt: Es gibt lediglich Nervenimpulse, die dem Gehirn einen Schaden melden – und diese Impulse werden dann vom Gehirn als Schmerz interpretiert. Das muss jedoch nicht so sein: Wir können lernen, die Signale anders zu interpretieren. Wie gut das funktioniert, werden Sie feststellen, wenn Sie es ausprobieren. Geistige Mittel zur Schmerzbekämpfung haben natürlich noch einen Vorteil: Sie sind nebenwirkungsfrei und nicht verschreibungspflichtig.

Autosuggestionsformeln

Die Vorgehensweise, die Coué bei Schmerzen empfahl, wurde im Kapitel »Erste Hilfe durch Autosuggestion« (siehe Seite 56f.) vorgestellt. Sagen Sie sich voller Überzeugung:

● »Ich werde jetzt alle negativen Vorstellungen aufgeben und auf diese Weise den Schmerz beseitigen!«, und legen Sie dann Ihre Hand auf die schmerzende Stelle. Sprechen Sie sodann im gewohnten schnellen und monotonen Tonfall:

● »Es vergeht – es vergeht ...«, bis der Schmerz verschwindet.

Visualisierungen

Obwohl diese Schnellbehandlung in den allermeisten Fällen wirksam ist, versagt sie unserer Erfahrung nach bei starken Schmerzen, chronischen Schmerzzuständen und Schmerzen im Kopfbereich. Die Visualisierung, die Sie nun kennen lernen werden, hat dagegen selbst bei heftigen Schmerzen eine geradezu unglaubliche Wirkung, da sie die Schmerzinterpretation direkt verändert.

Machen Sie sich ein genaues Bild von dem Schmerz: Welche Farbe hat er? Welche Form (z. B. kantig, rund, spitz)? Welche Konsistenz (z. B. weich, hart, rau)? Welchen Geruch und Geschmack? Welche Temperatur? Wo ist er genau lokalisiert? Wenn Sie ein klares Bild geschaffen haben, versuchen Sie, es vor Ihrem inneren Auge zu verändern. Achten Sie darauf, ob die Veränderung angenehm oder unangenehm ist – experimentieren Sie. Sie werden feststellen, dass sich mit der Veränderung der Modalitäten der Schmerz selbst verändert, bis er schließlich verschwindet.

Taubheit und Hörstörungen

»Meine Erfahrung hat mir gezeigt, daß über die Hälfte aller Gehörlosen allein aufgrund ihrer Vorstellung taub sind.« Diese Aussage Coués ist heute sicherlich nicht mehr gültig. Zu seiner Zeit traf die Aussage jedoch zu, da zahlreiche Kriegsteilnehmer traumatische Erfahrungen gemacht hatten, die nicht selten zu einer psychogenen Taubheit führten.

Ein Krebspatient verwendete die folgende Visualisierung: »Ich teilte den Schmerz, den ich als harten Knoten empfand, vor meinem geistigen Auge in immer kleinere Bestandteile auf, bis die winzigen Schmerzatome durch die Poren der Haut nach außen dringen konnten und sich in Luft auflösten.«

So hilft Autosuggestion

Solche Fälle vollständiger psychogener Taubheit sind heute seltener, doch psychische Faktoren spielen bei den meisten Hörstörungen eine Rolle. Hier können Autosuggestionen und Visualisierungen helfen. Bei einem akuten Fall von Hörstörungen sollte man aber sofort zum Arzt gehen.

Autosuggestionsformeln
- »Von Tag zu Tag höre ich besser!«
- »Jeder Ton, der auf mein Ohr trifft, verbessert mein Gehör!«

Visualisierungen

Am sinnvollsten ist bei Hörstörungen (z. B. auch bei Tinnitus) die Visualisierung eines heilenden Lichts. Experimentieren Sie mit der Farbe.
Bei Ohrenschmerzen oder Geräuschen eignet sich auch die Methode, die unter dem Stichwort »Schmerzen« (siehe Seite 72f.) beschrieben wurde: Machen Sie sich ein genaues Bild von dem Problem, und verändern Sie dann dieses Bild – damit wird sich auch das Problem verändern.

Unsere Sprache spiegelt den engen Zusammenhang zwischen Seele und Verdauung wieder: Manche Dinge bereiten uns »Bauchschmerzen«, andere können wir gar nicht erst »schlucken«, und gewisse Probleme können wir nicht »verdauen«.

Verdauungsprobleme

Die Verdauung wird meist etwas abwertend betrachtet, als eine minderwertige, niedrig stehende Aufgabe des Organismus. Doch immerhin besteht jede einzelne Zelle unseres Körpers aus den Stoffen, die dem Körper mit der Nahrung zugeführt wurden.
Die Nahrung ist aber nur das Rohmaterial, das erst einmal von unserem Verdauungsapparat zerlegt, aufgearbeitet und in eine Form gebracht werden muss, die vom Körper verwertet werden kann. Störungen innerhalb des Verdauungsapparats wirken sich auf den gesamten Organismus aus und können die Lebensfreude enorm beeinträchtigen.
Umgekehrt gilt aber auch, dass sich seelische Regungen sehr oft im Bauch bemerkbar machen. Besonders Kinder reagieren oft mit »Bauchweh« auf psychische Probleme und Anspannungen.

So hilft Autosuggestion

Wegen der engen Verbindung von Seele und »Bauch« wirken psychische Heilmittel wie Autosuggestion und Visualisierung besonders gut, wenn Probleme mit dem Verdauungsapparat auftauchen.

Autosuggestionsformeln

- »Mein Bauch ist warm und entspannt!«
- »Mit jedem Atemzug fühlt sich mein Bauch besser und besser an!«

Visualisierungen

Während Sie den Verdauungstrakt von der Speiseröhre bis zum Enddarm durchlaufen, visualisieren Sie »Reparaturmannschaften«, die Probleme beheben und geschädigtes Gewebe regenerieren. Koordinieren Sie die Visualisierung mit der Atmung: Beim Einatmen bleiben Sie mit der Konzentration an einer Stelle und leiten »Energie« an den betreffenden »Einsatzort«; beim Ausatmen gehen Sie ein Stück weiter.

Auch ganz alltägliche Verdauungsprobleme wie Verstopfung oder Blähungen können das Lebensgefühl stark beeinträchtigen. Neben einer Ernährungsumstellung kann bewusste Autosuggestion von den lästigen Übeln befreien.

Der Weg durch das Verdauungssystem

- **Sie beginnen mit der Visualisierung im Mund und gehen die Speiseröhre hinab durch den Mageneingang in den Magen, wo Säure die Nahrung aufspaltet.**

- **Vom Magen aus geht es nach rechts in den kurzen Zwölffingerdarm, in den die Gallenblase zur Fettverdauung die Gallenflüssigkeit ausschüttet.**

- **An den Zwölffingerdarm schließt sich der meterlange Dünndarm an, wo dem Nahrungsbrei die Vitalstoffe entzogen werden. Der Dünndarm mündet im Bereich des rechten Unterbauchs in den Dickdarm. An dieser Stelle befindet sich auch der Blinddarm mit seinem Wurmfortsatz.**

- **Der Dickdarm verläuft zunächst ein Stück aufwärts, dann quer hinüber zur linken Bauchseite und schließlich wieder abwärts, wo er zu guter Letzt in den Enddarm mündet.**

Innere Harmonie durch Autosuggestion

Im Bereich der seelischen Leiden können Autosuggestionen helfen, Ängste abzubauen und Depressionen zu lindern.

»Es ist eine Illusion zu glauben, man habe keine Illusionen.« Eine der am weitesten verbreiteten Illusionen ist die, man könne nichts an seinem Leben ändern, da im Großen und Ganzen alles von den Umständen abhängt. Eines der einfachsten Mittel, diese Illusion zu bekämpfen, ist die bewusste Autosuggestion. Vielleicht haben Sie auch schon dann und wann versucht, etwas in Ihrem Leben zu verändern, sind aber mit Ihrem Vorhaben gescheitert? Wahrscheinlich lag es daran, dass Sie es versucht haben. »Wenn Sie leiden, sollten Sie niemals sagen: ›Ich will versuchen, dies oder jenes zu verändern‹, sondern: ›Ich werde dies und jenes verändern!‹, denn wo Zweifel herrscht, kann sich kein Erfolg einstellen.«

Die hemmende Willenskraft

Sein Leben von Grund auf verändern – wer hat nicht schon ab und zu davon geträumt? Fast immer scheitern solche Pläne aber schon im Vorfeld, weil der kritische Verstand gleich alle äußeren Hindernisse und Schwierigkeiten als Einwände parat hat.

Der Zweifel ist der eine große Hemmschuh auf dem Weg zu innerer Harmonie und Zufriedenheit – der Wille ist der andere. Viele Menschen sind der Ansicht, dass es großer Willenskraft bedarf, um Änderungen zu bewirken. Doch Coué hatte bereits darauf hingewiesen, dass dem keineswegs so ist: »Es ist ein großer Fehler, Menschen zu empfehlen, ihren Willen zu erziehen – die Erziehung ihrer Vorstellungskraft ist notwendig.«
Was die Vorstellungskraft für die Gesundheit bedeutet, gilt mindestens ebenso sehr für unser Streben nach Glück und Zufriedenheit. Deshalb ist es so wichtig, endlich die Idee von der bestimmenden Kraft des Willens aufzugeben und der Vorstellungskraft den Platz einzuräumen, der ihr gebührt: »Stolz betonen wir unseren freien Willen und vermeinen, bei allem was wir tun, Handlungsfreiheit zu haben – dabei sind wir jämmerliche Marionetten unserer Vorstellungskraft. Wir werden nicht aufhören

Marionetten zu sein, bis wir gelernt haben, unsere Vorstellungskraft zu beherrschen.« Die einfachste Art und Weise, Herr über seine Vorstellungskraft zu werden, ist nach wie vor Coués Methode der bewussten Autosuggestion. Mit ihr kontrollieren wir unser Unterbewusstsein. Und das ist von entscheidender Bedeutung: »Sie sollten auch wissen, daß ein jeder von uns aus zwei Wesen besteht, die sehr unterschiedlich sind. Das eine ist das bewußte, wollende Wesen, mit dem wir vertraut sind und für das halten, was uns leitet. Doch hinter diesem ersten steht ein weiteres Wesen, das Unbewußte oder Unterbewußte, das wir ignorieren, weil wir es nicht kennen. Das ist äußerst bedauerlich, denn es ist gerade das Unbewußte, das uns körperlich und seelisch leitet.«

Nie mehr schlecht gelaunt

Die meisten Menschen sind seelisch nicht im Gleichgewicht, und dieser zeitweise oder chronische Mangel an Harmonie drückt sich in wechselhaften Stimmungen aus. Eine Unzahl von Philosophen hat sich kluge Gedanken darüber gemacht, wie Ruhe in die unruhige Seele einkehrt. Doch erst Coué erkannte, dass es keiner großen Gedankengebäude und Philosophien bedarf, um seine Stimmungen in den Griff zu bekommen: »Um wirklich Herr über sich selbst zu werden, reicht die bloße Vorstellung aus, es werde so weit kommen.« Um diese Vorstellung in sich zu verankern, genügt es, sich beständig in der bewussten Autosuggestion zu üben. Sie wollen inneren Frieden und Ausgeglichenheit finden? Dann wiederholen Sie Ihre persönliche Autosuggestion für innere Harmonie.

- »Ich bin voller Ruhe und Frieden!«
- »Ich werde von Tag zu Tag in jeder Hinsicht immer glücklicher und zufriedener!«
- »Innere Harmonie und Glück sind in mir!«
- »Nichts bringt mich aus der Ruhe!«
- »In mir wohnt das große Lächeln!«

Diese oder eine andere, persönliche Autosuggestion sollte Sie täglich begleiten und allmählich die alten, durch negative, unbewusste Autosuggestionen geprägten Denkmuster überwinden.

Coué sagte: »Früher mußten Sie es dulden, schädliche Autosuggestionen bei sich großzuziehen, weil das unbewußt vor sich ging; jetzt aber, wo ich Sie über das Wesen der Sache aufgeklärt habe, dürfen Sie sich dergleichen nicht mehr durchgehen lassen.«

Mentaltraining für die Seele

Mehr noch als bei körperlichen Beschwerden ist die bewusste Autosuggestion eine Hilfe bei seelischen Problemen wie Ängsten, Beziehungskrisen, depressiven Verstimmungen, Nervosität, Unsicherheit usw. Bei der bewussten Autosuggestion geht es nicht etwa darum, Probleme zu unterdrücken – das wäre ein sinnloses Unterfangen. Und mit der bewussten Autosuggestion allein ist es in schwierigen Fällen, z. B. bei einer ausgeprägten Phobie oder einer schweren Depression, auch nicht getan. Sie wird weder den Arzt noch den Psychologen überflüssig machen – allerdings können auch diese nicht die heilende Kraft Ihres Unterbewusstseins ersetzen, die Sie durch bewusste Autosuggestionen aktivieren.

> Die Freiheit, ohne gesellschaftliche Zwänge Beziehungen einzugehen und wieder zu lösen, macht immer mehr Menschen bindungsunfähig. Die Denkmuster, die diesen Problemen zugrunde liegen, beruhen auf negativen Autosuggestionen.

Angst und Unsicherheit

Angst ist ein vollkommen natürliches Phänomen – Ängste hat jeder gesunde Mensch. Hätten wir vor nichts Angst, so würden wir wohl nicht sehr lange überleben. Angst ist jedoch nicht immer sinnvoll. Die Fähigkeit des Menschen, Situationen und Ereignisse in der Zukunft gedanklich vorwegzunehmen, bringt es mit sich, dass wir mitunter vor einer nur vorgestellten Bedrohung Angst haben. Diesen durch unbewusste negative Autosuggestionen geprägten Vorstellungen können Sie gezielt durch positive, bewusste Autosuggestionen entgegenwirken:

- »Ich lache über meine Angst!«
- »Ich bin sicher und ruhig!«
- »Ich will ängstlich sein – aber ich kann es nicht!«
- »Ich bin voller Vertrauen!«

Beziehungsprobleme

Die sexuelle Revolution und die Aufgabe traditioneller, zwanghafter und überholter Beziehungsformen hat nicht nur Vorteile gebracht. Immer mehr Menschen fällt es schwer, ihren Partner so zu akzeptieren, wie er ist, zuzuhören, Schwächen zu ertragen und sich voll und ganz auf den anderen einzulassen. Auf der anderen Seite sind die alten Probleme nicht aus der Welt geschafft: Nach wie vor gibt es Eifersucht, Entfremdung und Verlustängste. Dagegen können Sie mit bewussten, positiven Autosuggestionen eine ganze Menge tun:

- »Ich verstehe [hier setzen Sie den Namen Ihres Partners ein] immer besser – mit jedem Tag kommen wir uns näher!«
- »Ich bin voller Liebe – je mehr Liebe ich aussende, desto mehr kommt zu mir zurück!«
- »Ich muss lachen, wenn ich Eifersucht verspüre!«
- »Ich bin glücklich allein – ich bin glücklich mit [...]!«

Depressive Verstimmungen

Das Wort »Depression« geht auf das lateinische »deprimere« zurück und bedeutet »herunterdrücken«. Das beschreibt genau das Gefühl, das wir haben, wenn wir uns so traurig fühlen, dass wir uns kaum noch zu etwas aufraffen können. Die Niedergeschlagenheit wirkt oft selbstverstärkend, da ein Teufelskreis aus negativen Autosuggestionen entsteht. Setzen Sie positive Autosuggestionen dagegen ein:

- »Von Tag zu Tag fühle ich mich heller und leichter!«
- »In großen Schritten gehe ich meinem Glück entgegen!«
- »Mit jedem Atemzug kehrt das Glück in mich ein!«

Nervosität und Unruhe

Nervosität ist ein seelischer Zustand, der durch Übererregbarkeit, Gereiztheit, Unruhe, Schlafstörungen oder geistige, seelische und körperliche Verspannungen gekennzeichnet ist. Auslöser dafür sind einerseits die Überflutung mit Reizen, für die unsere Wahrnehmung nicht ausgerüstet ist, andererseits der Leistungsdruck und die damit verbundenen Versagensängste. Die Betroffenen versuchen, stets mehr zu geben, als ihnen gut tut. Doch anstatt ihr selbst gestecktes Ziel der höchsten Leistungsfähigkeit zu erreichen, bewirken die Ängste und Anstrengungen meist das genaue Gegenteil: Die Gedanken geraten in Unordnung; der Körper schüttet

Autosuggestionen schaffen inneres Gleichgewicht und helfen, in düsteren Phasen besser zurechtzukommen. Daneben sorgen auch körperliche Bewegung und häufige Aufenthalte an der Sonne für mehr Ausgeglichenheit.

Stresshormone aus, die Verspannungen und spontane Fluchtreaktionen auslösen – man wird zum Nervenbündel. Die folgenden Autosuggestionen können bei Unruhezuständen helfen:

- »Ich bin ruhig und gelassen!«
- »Ich ruhe in mir – ich fühle mich vital und glücklich!«
- »Je ruhiger ich bin, desto schneller erreiche ich mein Ziel!«

Trägheit

Wie jedes Tier ist auch der Mensch biologisch darauf ausgerichtet, seine geistigen und körperlichen Fähigkeiten ständig einzusetzen und zu trainieren. Andauernde Trägheit ist deshalb immer Ausdruck einer inneren Hemmung oder eines Leidens.

Manche Menschen spüren, dass viel in ihnen steckt – doch gleichzeitig spüren sie einen Mangel an Energie in allen Bereichen. Sie können ihre Trägheit auch nicht bekämpfen, weil sie sie dazu ja erst einmal überwinden müssten. Menschen, die über ein gewisses Maß an Energie verfügen, meinen, jemandem, der faul ist, mangle es einfach an Willenskraft. Diese Einstellung ist wenig hilfreich und außerdem völlig falsch: Nicht der Wille ist das Problem, sondern die Vorstellung.

- »Ich bin hellwach und voller Tatendrang!«
- »Ich quelle über vor Vitalität – ich könnte Bäume ausreißen!«
- »Ich habe Lust, aktiv zu werden – nichts kann mich aufhalten!«

In unserer Leistungsgesellschaft hat man mit chronischer Müdigkeit schlechte Karten. Suggestionen helfen dabei, die innere Antriebslosigkeit zu überwinden.

Coués Ratschläge zur Erziehung

Coué hat nicht viel über die Erziehung von Kindern gesagt, aber das Wenige, was er gesagt hat, ist auch heute noch wertvoll. Wieder einmal erwies sich Emile Coué als Visionär, als er sagte: »Es mag zunächst etwas paradox klingen, doch die Erziehung eines Kindes sollte bereits vor seiner Geburt beginnen.« Was damals kaum jemand ernst nahm und noch heute kaum ernst genommen wird, nämlich, dass das ungeborene Kind (spätestens ab dem sechsten Schwangerschaftsmonat) bereits ein Seelenleben besitzt, wurde inzwischen von dem amerikanischen Arzt Dr. Thomas Verny mit wissenschaftlicher Akribie nachgewiesen. Dr. Verny schreibt: »Was das Ungeborene fühlt und wahrnimmt, beginnt seine Einstellung und seine Erwartungen an sich selbst zu formen.«

Schon das Ungeborene ist beeinflussbar

Eine Mutter, die positive Gefühle gegenüber ihrem ungeborenen Kind intensiv kultiviert und mit ihrem Kind »spricht«, hilft dem Kind bereits während der Schwangerschaft, positive Einstellungen und Erwartungen aufzubauen, die es auf seinem weiteren Lebensweg begleiten.
Coué meinte: »Einem auf diese Weise geborenen Kind wird es leicht fallen, positive Suggestionen anzunehmen, die man ihm gibt, und es wird sie in Autosuggestionen umsetzen, die seinen weiteren Lebensweg bestimmen. Denn man muß wissen, daß all unsere Worte und all unsere Handlungen nichts anderes sind als das Ergebnis unserer Autosuggestionen, die zumeist durch die Suggestionen in Form von Beispielen oder Worten ausgelöst werden.«

Geduldig auf Fragen eingehen

Coué fragte sich, wie Kinder erzogen werden sollten, damit sie aufgeweckt, leistungsfähig, gesund, freundlich und hilfsbereit werden. Die Antworten, die er darauf fand, können auch heute noch ohne Einschränkung gelten: »Man sollte in ihnen den Wunsch nach Erkenntnis des

Inzwischen hat die Forschung verblüffende Erkenntnisse darüber gewonnen, wie differenziert bereits das Ungeborene auf Gemütsregungen der Mutter reagiert. Diese Wahrnehmungen können einen nicht zu unterschätzenden Einfluss auf seine Entwicklung haben.

Naturgeschehens wecken und versuchen, ihr Interesse zu fesseln, indem man ihnen alles, was man erklären kann, in einem freundlichen, humorvollen Ton erklärt. Folglich muß man auch ihre Fragen geduldig beantworten, anstatt sie zurückzuweisen und zu sagen: ›Du störst mich, laß mich in Frieden, man wird es dir später einmal erklären.‹«

Tadel hemmt und demotiviert

Unsere Schulen sind trotz aller pädagogischen Erkenntnisse immer noch Institutionen, an denen Kinder vor allem eines lernen: Lernen macht keinen Spaß! Jedes Kind ist von Natur aus wissbegierig und stellt Fragen. Nur mit natürlicher Neugier ist wirkliches Lernen möglich. Die Eltern haben es in der Hand, ihrem Kind die Freude am Lernen zu erhalten, auch wenn es in die Schule kommt. »Auf gar keinen Fall darf man zu einem Kind sagen: ›Du bist ein Taugenichts, ein Nichtsnutz usw.‹, da man gerade damit erst die Fehler hervorbringt, die man an ihm tadelt.« Ein ständig wiederholter Tadel erweckt eine negative Autosuggestion im Kind – das Unterbewusstsein des Kindes versucht, die Autosuggestion Wirklichkeit werden zu lassen. Das Kind wird faul, träge, dumm usw. Und die Nörgler verkünden dann: »Ich hab's ja schon immer gesagt!«

Fast ebenso blockierend wie Tadel kann es wirken, wenn Eltern sich wenig oder gar nicht für die schulischen Erfolge ihres Kindes interessieren. Wieso sollte ein Kind schließlich ein Ziel erreichen wollen, das offenbar nicht einmal die eigenen Eltern für erstrebenswert halten?

Lob ermutigt und beflügelt

Wenn Sie das vermeiden und in Ihrem Kind lieber positive Autosuggestionen hervorbringen wollen, sollten Sie nie tadeln, sondern häufig loben – auch wenn keine besondere Leistung zu verzeichnen ist. Lob fördert die Motivation und erzeugt eine positive Einstellung, die zu besseren Leistungen führen wird. Manche Eltern wollen nicht glauben, dass Lob besser als Tadel ist; man könnte ihnen diese Tatsache jedoch durch ein kleines Experiment demonstrieren: Ein Gegenstand wird im Zimmer versteckt. Nun sagt man dem Suchenden zunächst: »Falsch!«, wenn er in die falsche Richtung geht. In einem zweiten Durchgang sagt man dagegen: »Sehr gut!«, wenn er die richtige Richtung einschlägt. Immer wird der zweite Sucher den versteckten Gegenstand schneller finden.

Coués Erziehungstipps

Auch die meisten anderen Ratschläge Coués zur Kindererziehung beziehen sich darauf, negative Autosuggestionen im Kind zu vermeiden und positive Autosuggestionen zu fördern.

● Damit das Kind nicht zum kränklichen Hypochonder wird, sollten die Eltern »um jeden Preis … vermeiden, vor Kindern von Krankheiten zu sprechen, denn das könnte Krankheiten erst auslösen. Man sollte sie ganz im Gegenteil lehren, daß Gesundheit der natürliche Zustand des Menschen ist.«

● Damit Kinder nicht überängstlich und furchtsam werden (was ihnen ja insbesondere bei ihren Schulkameraden wenig Sympathien eintragen wird), rät Coué: »Man sollte Kindern keine Furchtsamkeit einimpfen, indem man ihnen mit dem schwarzen Mann oder dem Krampus droht, denn wenn sie sich in der Kindheit daran gewöhnen, ängstlich zu sein, besteht die Gefahr, daß sie es auch weiterhin sein werden.«

● Eine ganz wichtige Mahnung, die nichts an Aktualität verloren hat, betont Coué ganz besonders: »Keinesfalls sollte man Gewalt ausüben; denn damit läuft man Gefahr, in ihnen Autosuggestionen hervorzubringen, die sich in von Haßgefühlen begleiteter Ängstlichkeit äußern.« Tatsächlich ist aus der psychologischen Forschung heute bekannt, dass Gewalttäter, Kinderschänder, Vergewaltiger und Mörder fast immer als Kinder selbst mit Gewalt konfrontiert wurden. Der beliebte Satz: »Eine Ohrfeige hat noch niemandem geschadet!« ist grundfalsch. Jeder gewalttätige Akt an einem Kind prägt sich dessen Unterbewusstsein ein und schädigt seine Seele.

● Natürlich stellt Coué schließlich auch seine tiefste Überzeugung in den Mittelpunkt, nämlich jene, dass die Vorstellungskraft stärker als der Wille ist und dass jeder Mensch, wenn er positive, starke Vorstellungen und Überzeugungen hat, seine Ziele verwirklichen kann. Daher rät er Eltern: »Vor allem aber sollte man seinen Kindern beibringen, daß jeder Mensch mit der festen, unverrückbaren Vorstellung ins Leben treten sollte, er werde sein Ziel erreichen, und daß er unter dem Einfluß dieser Vorstellung auch wirklich dort ankommt.«

Coués Ideen zur Erziehung mögen zu seinen Lebzeiten revolutionär gewesen sein – heute erscheinen sie fast selbstverständlich. Die Frage, in welcher Form Eltern Autorität ausüben und wie sie ihre Erziehungsverantwortung interpretieren sollen, ist aber nach wie vor äußerst aktuell.

Erfolg durch positive Zieldefinition

Nur mit dem unbeirrbaren Glauben an die eigene Kraft gelingt die Gratwanderung des Lebens.

Viele Menschen – vor allem solche, die in ihrem bisherigen Leben »erfolglos« waren – bezweifeln den Zusammenhang zwischen innerer Einstellung und äußerer Anerkennung. Sie fragen sich, ob nicht doch etwas mehr zum Erfolg gehört als nur der Glaube daran.

»Der Mensch ist, was er denkt. Angst vor Mißerfolg bringt alle Pläne beinahe unvermeidlich zum Scheitern, so wie der Glaube an den Erfolg den Erfolg nahezu unvermeidlich nach sich zieht.« Was Coué damals formulierte, ist eines der grundlegenden Gesetze des Erfolgs: Die Voraussetzung für den Erfolg ist der Glaube an sich selbst, die Überzeugung, dass man Erfolg verdient hat und dass man auf jeden Fall Erfolg haben wird.

Natürlich gibt es noch weitere Dinge, die den Erfolg fördern. Doch ohne Vertrauen in die Gewissheit des Erfolgs hilft alles andere so gut wie nicht. Wenn Sie nicht an Ihren Erfolg glauben, üben Sie sich in unbewussten, negativen Autosuggestionen – und Ihr Unterbewusstsein wird alles daran setzen, diese Autosuggestionen äußere Wirklichkeit werden zu lassen –, sprich, Ihren Erfolg zu verhindern. Mit bewussten positiven Autosuggestionen programmieren Sie Ihr Unterbewusstsein dagegen auf Erfolg.

In kurzer Zeit ist vieles möglich

Erfahrungsgemäß überschätzt fast jeder Mensch, was er innerhalb einiger Tage oder Wochen erreichen kann, aber ebenso unterschätzen die meisten, was ihnen innerhalb einiger Monate oder weniger Jahre möglich ist. Sie machen sich keinen Begriff davon, was Sie innerhalb der nächsten fünf Jahre alles erreichen können!

Selbst wenn Sie heute unzufrieden mit Ihrem Leben, mit Ihren Beziehungen, mit Ihren Finanzen oder mit Ihrer Gesundheit sind – in fünf Wochen werden Sie eine neue Perspektive gewonnen haben, in fünf Monaten werden Sie in allen Bereichen Fortschritte erzielt haben, und in fünf Jahren werden Sie über Ihre jetzigen Ziele hinausgewachsen sein und sich neue Ziele stecken, von denen Sie heute noch nicht einmal träumen!

Die unbegrenzte Macht des Geistes

Ihnen ist viel mehr möglich, als Sie sich (im Augenblick) vorstellen können. Um zu demonstrieren, wie sehr Ihr Denken Ihre Fähigkeiten beeinflusst, gibt es ein einfaches Beispiel, das auch Coué gern anführte: Stellen Sie sich vor, eine 50 Zentimeter breite Holzplanke läge auf dem Boden. Hätten Sie Schwierigkeiten, über diese Planke zu gehen? Wohl kaum! Stellen Sie sich aber nun vor, die Planke läge über einer 1000 Meter tiefen Schlucht – glauben Sie immer noch, dass Sie über diese Planke schreiten würden? Die meisten Menschen würden sich jedenfalls nicht trauen. Dieses Beispiel macht deutlich, dass die Fähigkeit, über die Planke zu gehen, ausschließlich vom eigenen Denken abhängt.

Selbst gesetzte Grenzen sprengen

Die Grenzen, die uns einengen und davon abhalten, erfolgreich zu sein, sind Grenzen, die wir uns selbst setzen. Wir haben aber mit der bewussten Autosuggestion ein Mittel, diese Grenzen auszudehnen und die unbegrenzte Kraft unseres Unterbewusstseins für unseren Erfolg einzusetzen. »In uns wohnt eine unermeßliche Kraft, die uns, wenn wir sie unbewußt einsetzen, mitunter höchst verderblich werden kann. Wenn wir sie jedoch bewußt und weise gebrauchen, gibt sie uns die Herrschaft über uns selbst, trägt nicht nur dazu bei, uns und andere von körperlichen oder seelischen Leiden zu befreien, sondern verhilft uns auch zu einem glücklichen Leben, unabhängig von den äußeren Umständen.«
Das, was Coué hier sagt, bedeutet übrigens auch, dass wir die große Kraft unseres Unterbewusstseins ganz automatisch ständig einsetzen. Sie müssen also keine besonderen, großartigen Dinge vollbringen, um diese Kraft zu »erwecken« – Ihr Unterbewusstsein entfaltet seine Energie in jeder Minute, jeder Stunde und an jedem Tag Ihres Lebens. Die Frage ist nur: Wird Ihr Unterbewusstsein zu Ihrem Besten aktiv, oder schadet es Ihnen – oder eindringlicher gesagt: Nutzen Sie sich, oder schaden Sie sich? Denn: »Jeder unserer Gedanken, ob nun gut oder schlecht, wird konkret, wird zur Wirklichkeit, wird Tatsache im Rahmen des Möglichen.«

Coué meinte: »Wenn Sie sich einreden, Sie könnten etwas an und für sich Mögliches tun, so wird es Ihnen auch gelingen, gleichgültig, wie schwierig es sein mag. Stellen Sie sich dagegen vor, Sie könnten irgendetwas Einfaches nicht tun, so wird es Ihnen tatsächlich unmöglich sein …«

Entdecken Sie Ihre wahren Wünsche

Bisher wurde ganz allgemein von Erfolg gesprochen. Da das Wort oft sehr einseitig verwendet wird, muss kurz geklärt werden, was Erfolg denn eigentlich ist. Eines soll hier ganz besonders hervorgehoben werden: Erfolg ist immer etwas Persönliches. Viel Geld zu haben, in einer Villa zu wohnen, auf der Karriereleiter nach oben gekommen zu sein – das alles kann Erfolg bedeuten, aber ein Mensch, der all das erreicht hat, kann auch vollkommen erfolglos sein. Dann nämlich, wenn seine Ziele ganz woanders liegen. Erfolgreich ist also jemand, der seine persönlichen Ziele erreicht hat. Nur Sie selbst können diese Ziele festlegen. Bevor Ihre wahren Wünsche in Erfüllung gehen, müssen Sie sie erkennen.

Wie unvorstellbar groß die Macht unseres Unterbewusstseins ist, drückte der Dichter Christian Morgenstern (1871–1914) wohl am schönsten aus: »Das Ich ist die Spitze einer Pyramide, deren Boden das All ist.«

Nicht alle Träume verlangen nach Erfüllung

Stellen Sie sich doch einmal verschiedene Fähigkeiten und Aktivitäten vor, und beobachten Sie, was Sie dabei fühlen. Wann immer bei einer solchen Vorstellung ein starkes Gefühl auftaucht, stellen Sie sich vor, Sie hätten diese Fähigkeit. Macht diese Fähigkeit Sie glücklich? Stellen Sie sich nun vor, Sie hätten diese Fähigkeit bereits seit zehn Jahren – wären Sie immer noch glücklich darüber? Wenn ja, ist es wahrscheinlich einer Ihrer wahren Wünsche, dass Sie z. B.:

- Sich in Ihrem Beruf durchsetzen können
- Einen befriedigenden Beruf ausüben
- Eine glückliche Ehe führen
- Gut mit Menschen umgehen können usw.

Ängstliche Zweifel verscheuchen

Beobachten Sie, welche negativen Gedanken Sie haben, welche »Ausreden« Sie verwenden – genau diese Gedanken sind es, die Sie daran hindern, das zu tun, was Sie tun könnten. Wenn Sie diesen negativen Gedanken (die negative Autosuggestionen auslösen) mit positiven, bewussten Autosuggestionen entgegentreten, haben Sie bereits den wichtigsten

Schritt getan, um sich Ihre wahren Wünsche zu erfüllen. »Man hört oft, man solle sich anstrengen, doch das ist abzulehnen. Anstrengung bedeutet nämlich Willensanspannung, und dabei ist stets möglich, daß die Vorstellungskraft in die entgegengesetzte Richtung wirkt: In diesem Fall wird genau das Gegenteil des Angestrebten Wirklichkeit werden.«

Auf dem Boden der Tatsachen bleiben

Jede große Willensanstrengung fördert den Gedanken: »Vielleicht schaffe ich es nicht!« »Denken Sie immer: ›Ich kann!‹, und niemals: ›Ich kann nicht!‹ Ziehen Sie Gewinn aus diesem Rat: Sie ahnen nicht, welch mächtiges Werkzeug diese einfachen Worte sind: ›Ich kann!‹«
Natürlich sollten Sie nicht die Augen vor der Realität verschließen. Es gibt Vorstellungen, die nicht einmal Ihr Unterbewusstsein in äußere Realität verwandeln kann. Wenn Sie sich vornehmen, in einem Jahr Spanisch zu lernen, so ist das ein hoch gestecktes Ziel – aber wenn Sie mit Motivation und mit Hilfe positiver Autosuggestionen daran gehen, werden Sie es erreichen. Wenn Sie dagegen in zwei Wochen fließend und ohne Akzent Spanisch sprechen wollen, ist Ihr Ziel schlichtweg unrealistisch.

Die meisten Menschen geben viel zu schnell auf: Sie üben zwei Wochen lang Yoga oder machen eine Woche lang Diät, und wenn sich ihr Leben dann nicht grundsätzlich verändert hat, probieren sie etwas anderes aus.

Das Wortspiel mit dem halb vollen bzw. halb leeren Glas macht deutlich, in wie starkem Maß die Wahrnehmung der Realität von der persönlichen Einstellung abhängt.

Bedenken gründlich überprüfen

»Wenn Sie etwas tun müssen, fragen Sie sich sofort: ›Ist das möglich oder nicht?‹ Beantwortet Ihre Vernunft diese Frage mit ›Nein‹, so versuchen Sie nicht, es dennoch zu tun, denn Ihre Mühe wäre vergebens. Lautet die Antwort dagegen ›Ja‹, so sagen Sie sich sofort: ›Es ist einfach!‹« Aber Achtung: Die Vernunft, die Coué hier meint, ist nicht gleichzusetzen mit negativen, pessimistischen Gedanken. Überprüfen Sie, ob wirklich Ihre Vernunft gesprochen hat, indem Sie sich fragen, ob das Urteil der Unmöglichkeit auch zutreffen würde, wenn es um jemand anderen als Sie selbst ginge. Erst dann, wenn Sie ganz allgemein die Unmöglichkeit feststellen, sollten Sie Ihr Ziel als unrealistisch verwerfen.

Wenn Sie sich nach gründlicher Prüfung ein Ziel gesetzt haben, sollten Sie alle Bedenken über Bord werfen. Nachhaltige Zweifel an den Erfolgsaussichten Ihres Projekts rauben Ihnen nur die für die Verwirklichung notwendige Energie.

Positive Formulierungen finden

Wenn Sie bewusst denken, denken Sie meist in Worten. Daher haben Worte eine so große Macht. Schon Coué hat mehrfach darauf hingewiesen, wie wichtig es ist, positiv zu formulieren. Sie sollten am besten noch heute damit beginnen, Ihren Wortschatz zu überprüfen und zu verändern: All Ihre Ziele, Ideen, Gedanken, Wünsche, Vorstellungen und Probleme sollten Sie immer positiv formulieren.

Sie können sogar die Tatsache, dass Ihr Unterbewusstsein keine Verneinungen versteht, für sich nutzen, indem Sie einen negativen Sachverhalt durch die Verneinung eines positiven Wortes ausdrücken. Statt »schrecklich« sagen Sie beispielsweise »nicht schön«. Schon bei der Wahrnehmung und Bewertung aller Ereignisse, denen Sie begegnen, sollten Sie von jetzt an ein neues Vokabular einsetzen.

Alles, wirklich alles, was Ihnen begegnet, kann positiv und zielorientiert formuliert werden. Ein Glas kann halb voll oder halb leer sein, Sie können ein Problem an Ihrem Arbeitsplatz als Belastung oder als Herausforderung betrachten. All das sind keine Wortspiele, sondern Sichtweisen; und mit den zu diesen Sichtweisen gehörigen Worten programmieren Sie Ihr Unterbewusstsein – auf Stress oder auf Erfolg.

Die richtige Wortwahl

1. Schritt – Negative Ausdrücke umformulieren

Wir sind darauf trainiert worden, unsere Aufmerksamkeit auf das Negative im Leben zu richten. Drehen Sie Ihre Sichtweise um, und versuchen Sie zuerst das Positive zu sehen, denn die meisten Dinge und Sachverhalte haben verschiedene, oft gegensätzliche Aspekte. In der folgenden Liste finden Sie einige Beispiele dafür, wie Sie negative Formulierungen durch positive ersetzen können:

Negativformulierungen	Positivformulierungen
• besorgt	• interessiert
• dumm	• noch viel zu lernen
• deprimiert	• nicht völlig glücklich
• zurückgewiesen	• missverstanden
• überfordert	• sehr beschäftigt

Erstellen Sie nach diesem Muster eine eigene Liste mit Ihren ganz persönlichen Positivformeln.

2. Schritt – Positive Ausdrücke optimieren

Wenn Sie den ersten Schritt geschafft haben, werden Sie Ihre Ziele viel leichter erreichen, da die Programme Ihres Unterbewusstseins nun nicht mehr gegen Sie, sondern für Sie arbeiten. Sie können jedoch nicht nur Ihren negativen, sondern auch Ihren positiven Wortschatz verbessern. In der folgenden Liste finden Sie einige Beispiele dafür, wie Sie positive Formulierungen noch optimieren können:

Positivformulierungen	Optimale Formulierungen
• interessiert	• begeistert
• angenehm	• umwerfend
• ganz gut	• bestens
• aktiv	• energiegeladen
• motiviert	• beflügelt

Schreiben Sie sich nun wieder eine eigene Liste, und ergänzen Sie diese Liste in regelmäßigen Abständen.

Haben Sie keine Scheu vor optimistischen Formulierungen! Sie werden sich noch lange nicht wie ein überdrehter Werbesprecher anhören, wenn Sie Ihren Wortschatz von niederdrückendem und demotivierendem Ballast befreien.

Ergänzende Imaginationstechniken

Die bewusste Autosuggestion Coués ist das einfachste Mittel, um die Kraft Ihres Unterbewusstseins zu wecken. Aber sie ist nicht das einzige. Mit den Wortformeln der bewussten Autosuggestion aktivieren Sie zunächst nur Ihre linke Gehirnhälfte – im Gehirn werden dann allerdings die Worte in die Bildersprache des Unterbewusstseins umgesetzt und die rechte Gehirnhälfte aktiviert. Mit Imaginationstechniken (Visualisierungen) können Sie das Unterbewusstsein in seiner eigenen Sprache ansprechen.

Wie stark visuelle Eindrücke auf das Unterbewusstsein wirken, wissen vor allem auch die Werbefachleute, die mit suggestiven Bildern gezielt Träume nähren und uns dadurch zum Kauf des jeweiligen Produkts veranlassen.

Den eigenen Erfolgsfilm drehen

Das Unterbewusstsein kommuniziert nicht nur mit visuellen Bildern, sondern auch mit Gerüchen und Klängen sowie mit körperlichen und kinästhetischen Vorstellungen. Um Ihre wahren Ziele zu erreichen, sollten Sie von einer fortgeschrittenen Technik der Programmierung Ihres Unterbewusstseins Gebrauch machen – werden Sie zum Regisseur des Films über Ihr zukünftiges Leben. Erstellen Sie zuvor eine Liste: Schreiben Sie Ihre kurzfristigen Ziele untereinander. In weitere Spalten schreiben Sie dann Ihre mittelfristigen (in ein bis zwei Jahren zu erreichenden) und langfristigen Ziele, die Sie in fünf Jahren erreicht haben möchten, sowie Mittel und Wege, die zu diesen Zielen führen. Die kurzfristigen Ziele sollten den Weg zu den mittelfristigen Zielen vorbereiten; die mittelfristigen Ziele sollten zu den langfristigen hinführen.

Wege zum Ziel visualisieren

Nun werden Sie diesen Entwurf überprüfen. Sie beginnen dabei mit den kurzfristigen Zielen, die in der ersten Spalte des Entwurfs Ihres Fünfjahresplans stehen. Visualisieren Sie, wie Sie diese Ziele verfolgen und erreichen, wie Sie dann zu den höheren, mittelfristig angelegten fortschreiten, und wie Sie schließlich Ihr höchstes, langfristiges Ziel erreichen. Bei Schwierigkeiten auf dem Weg dorthin überprüfen Sie Ihre Strategien und Zielvorstellungen, und ändern Sie gegebenenfalls ab, bis Sie sich einen folgerichtigen Weg von Ihren kurzfristigen bis zu einem Ihrer höchsten Ziele als inneren Film erarbeitet haben. Dasselbe tun Sie nun mit Ihren anderen langfristigen Zielen. In einem letzten Schritt drehen Sie nun den »Film«, der Ihren Lebensweg in den folgenden fünf Jahren beschreibt.

Innere Bilder einprägsam gestalten

Auf folgende Punkte sollten Sie dabei besonders achten:

● Farben: Malen Sie Ihre inneren Bilder mit intensiven, leuchtenden Farben aus, die Ihr Unterbewusstsein aktivieren und sich einprägen.

● Klänge: Achten Sie darauf, bei Ihren Imaginationen auch Ihren Gehörsinn mit einzubeziehen.

● Gerüche: Gerüche schaffen besonders starke emotionale Assoziationen – nutzen Sie diese Möglichkeit.

● Kinästhetische Wahrnehmungen: Damit Sie kein statisches Bild aufbauen, ist es wichtig, dass Sie sich in Ihrem Film aktiv bewegen.

● Gefühle: Nutzen Sie jede Gelegenheit, sich die positiven Gefühle, die mit Ihren inneren Bildern verbunden sind, bewusst zu machen.

> Sie werden einige Zeit brauchen, bis Sie vor Ihrem inneren Auge einen ganzen Film ablaufen lassen können. Doch die Mühe lohnt sich, weil Sie Ihr Unterbewusstsein dadurch auf die Verwirklichung Ihrer Ziele programmieren.

So werden Träume wahr

● Erkennen Sie Ihre wahren Wünsche.

● Üben Sie jeden Tag bewusste, positive Autosuggestionen aus.

● Formulieren Sie negative Ereignisse positiv um.

● Verändern Sie Ihren Wortschatz so, dass Sie aus den Formulierungen Kraft schöpfen können.

● Erstellen Sie eine ausführliche Liste mit Zielen und Zwischenzielen, und setzen Sie sich Termine für die Verwirklichung.

● Visualisieren Sie Ihre ideale Zukunft und den Weg dorthin.

● Schärfen Sie Ihre Sinne, und kultivieren Sie Ihre Neugier.

● Versuchen Sie, die Fähigkeiten Ihrer linken und rechten Gehirnhälfte stärker miteinander zu verbinden.

● Was immer Sie auch tun – tun Sie es mit Liebe.

Das Wichtigste in Kürze

Was ist die Coué-Methode genau?

Ganz knapp könnte man Coués Methode der bewussten Autosuggestion in drei Punkten zusammenfassen:

- Am Anfang steht die Erkenntnis, dass die Vorstellungskraft immer stärker ist als der Wille.
- Der zweite wichtige Punkt ist die Feststellung, dass die Vorstellungskraft gelenkt werden kann.
- Der dritte Punkt ist die praktische Anwendung: Die Vorstellung wird durch bewusste Autosuggestionen gelenkt. Eine positive, bewusste Autosuggestion wird aktiviert, indem morgens und abends eine Suggestionsformel in monotonem Tonfall 20-mal laut gesprochen wird. Die Universalformel Coués lautet: »Es geht mir mit jedem Tag in jeder Hinsicht immer besser und besser!«

»Es gibt nichts Gutes, außer man tut es« – das gilt auch für die bewusste Autosuggestion. Neben den theoretischen Kenntnissen zählt vor allem die Umsetzung in die Praxis bzw. die regelmäßige Anwendung im Alltag.

Warum ist die Vorstellung stärker als der Wille?

Die Vorstellungskraft kommuniziert direkt mit unserem Unterbewusstsein, während der Wille nur im Bewusstsein vorhanden ist. Da nun das Bewusstsein nur die »Spitze des Eisbergs« unserer gesamten Persönlichkeit darstellt, während das Unterbewusstsein weitaus mehr Möglichkeiten hat, ist eine Methode, die mit dem Unbewussten arbeitet, immer stärker als eine Methode, die nur auf bewussten Fähigkeiten beruht.

Hilft die Coué-Methode auch Skeptikern?

Die Methode der bewussten Autosuggestion ist unabhängig davon, ob Sie an sie »glauben« oder nicht. Glauben wollen können Sie ohnehin nicht – befolgen Sie einfach die Anleitung zur Methode, und erfahren Sie ihre Wirkung; dann glauben Sie, auch wenn Sie nicht glauben wollen.

Die Autosuggestion hilft nur dann nicht, wenn der Betroffene der einleitenden positiven Suggestionsformel eine anders lautende, negative Suggestion entgegenhält. Wenn er sich z. B. Müdigkeit und Entspannung suggeriert und gleichzeitig denkt: »Ich bin hellwach – das kann gar nicht funktionieren«, so wird die Suggestion ohne Wirkung bleiben.

Warum hilft mir die Formel trotz Anstrengung nicht?

Wahrscheinlich haben Sie keinen Erfolg mit der Methode nicht obwohl, sondern weil Sie sich anstrengen. Bemühen Sie sich nicht, sondern sprechen Sie jeden Morgen und Abend die Formel: monoton, ohne Anstrengung und rein mechanisch. Dann werden Sie mit ein wenig Geduld auf jeden Fall Erfolg haben

Mitunter glauben Menschen auch, dass keine Besserung eintrete, obwohl objektiv eine Besserung feststellbar ist. Das liegt daran, dass die Besserung allmählich erfolgt und das Bewusstsein sich an den neuen (natürlichen) Zustand gewöhnt. Sie werden Fortschritte leichter bemerken, wenn Sie sich schriftliche Aufzeichnungen über Ihr Befinden machen.

Wie lange dauert es bis zu ersten Erfolgen?

Das hängt von der Art des Problems ab. Wenn der seelische Anteil an der Krankheit den körperlichen Anteil stark überwiegt, kann eine sofortige Heilung eintreten. Wenn der Körper erst einige Zeit benötigt, um sich zu regenerieren, wird die bewusste Autosuggestion die Heilung beschleunigen – aber immer im Rahmen des Möglichen. Auf jeden Fall werden Sie spätestens nach zwei Wochen eine Besserung spüren können.

Kann man Gedanken an sein Leiden ausschalten?

Wenn Sie sich vorstellen, dass Sie an Ihre Leiden denken müssen, werden Sie daran denken. Aber das macht nichts: Fürchten Sie sich nicht vor den Gedanken an Ihre Probleme und Leiden – diese Furcht ist schädlich. Denken Sie an Ihre Leiden, jedoch in positiver Weise, als Herausforderung an Ihre neuen Kenntnisse über die bewusste Autosuggestion. Sie wissen ja, dass Sie mit dieser Methode Ihre Leiden überwinden werden.

Wie kann man anderen die Coué-Methode nahe bringen?

Auch wenn Sie begeistert von der Methode sind: Versuchen Sie nicht, andere zu »missionieren«. Machen Sie Ihre Verwandten und Bekannten darauf aufmerksam, dass Ihnen die Methode geholfen hat, aber bedrängen Sie niemanden, denn Sie erzeugen damit nur unbewusste Ablehnung und negative Autosuggestionen.

Mitmenschen lassen oft jede Begeisterung vermissen, wenn man sie allzu intensiv für etwas erwärmen will. Besser als diskret auf dem Nachttisch platzierte Bücher wirkt das überzeugende Beispiel, das man selbst gibt.

Impressum

Der Südwest Verlag ist ein Unternehmen der Verlagshaus Goethestraße GmbH & Co. KG. © 1999 Verlagshaus Goethestraße GmbH & Co. KG, München

Redaktion:
Dr. Marion Onodi

Projektleitung:
Anja Feise

Redaktionsleitung und medizinische Fachberatung:
Dr. med. Christiane Lentz

Bildredaktion:
Gabriele Feld

Produktion:
Manfred Metzger (Leitung);
Annette Aatz;
Dr. Erika Weigele-Ismael

Umschlag:
Heinz Kraxenberger, München;
Till Eiden

DTP/Satz:
Mihriye Yücel

Druck:
Color-Offset, München

Bindung:
R. Oldenbourg, München

Printed in Germany

Gedruckt auf chlor- und säurearmem Papier

ISBN 3-517-06047-X

Über die Autoren

Aljoscha A. Schwarz ist Heilpraktiker und Diplompsychologe. Er arbeitet als Fachbuchautor und Seminarleiter mit den Schwerpunkten Gesundheit, Psychologie und Pädagogik.

Ronald P. Schweppe ist Psychotherapeut, Meditationslehrer und freier Autor. Er ist durch zahlreiche Buchveröffentlichungen sowie aus Funk und Fernsehen im deutschsprachigen Raum als Experte für alternative Heilmethoden bekannt.

Autorenkontakt

Wenn Sie Fragen haben oder Kritik an diesem Buch äußern möchten, wenden Sie sich bitte an den Verlag oder an die Internet-Homepage der Autoren: http://members.aol.com/NLPTeam

Adressen und Kontakte

Coué Deutschland: Klaus Ritter, Gesundheitsberater, Hubertusstraße 5, D-83413 Fridolfing

Coué Österreich: Werner Pogats, Waldwinkel 45, A-2671 Küh/Payerbach

Coué Schweiz: Anne Müller, Georg-Kempf-Straße 15, CH-8046 Zürich

Coué Frankreich: Suivre Coué, Les jardins de la Sainte-Victoire, Impasse de l'Agnel, F-13770 Venelles

Literatur

Coué, Emile: Die Selbstbemeisterung durch bewußte Autosuggestion. Schwabe & Co. AG. Basel 1997

Coué, Emile: Autosuggestion. Oesch Verlag AG. Zürich 1997

Schwarz, Aljoscha A./Schweppe, Ronald P.: Vom inneren Wohlstand. Herbig Verlag. München 1997

Schwarz, Aljoscha A./Schweppe, Ronald P.: Die philosophische Hausapotheke. Herbig Verlag. München 1999

Hinweis

Das vorliegende Buch ist sorgfältig erarbeitet worden. Dennoch erfolgen alle Angaben ohne Gewähr. Weder Autoren noch Verlag können für eventuelle Nachteile oder Schäden, die aus den im Buch gemachten praktischen Hinweisen resultieren, eine Haftung übernehmen.

Bildnachweis

AKG, Berlin: 46; Fotoarchiv, Essen: 25 (M. Dworaczyk), 40 (W. Eichler); Image Bank, München: 12 (T. Aussey), 21 (D. Pizzi), 55 (R. Lockyer), 58 (S. Murez), 65 (D. de Lossy), 87 (H. Wolf); Look, München: 1 (J. Gruene), 15 (H. Rüffler); Tony Stone, München: Titel (L. Monneret), 5 (P. S. Conrath), 6 (B. Ayres), 76 (H. Kingsnorth), 80 (H. Grey), 84 (P. Banko), U 4 (I. O'Leary); Südwest Verlag, München: Inhalt li. (K. Vey/jump), Inhalt mi. (S. Sperl), Inhalt re. (A. Schliack)

Register

Südwest Verlag 1999
96 Seiten, durchgehend
vierfarbig, Broschur
ISBN 3-517-07808-5

Südwest Verlag 1999
96 Seiten, durchgehend
vierfarbig, Broschur
ISBN 3-517-01762-0

Südwest Verlag 1998
208 Seiten, durchgehend
vierfarbig, Klappenbroschur
ISBN 3-517-07681-3